马云最喜欢的照片

2005年9月第五届西湖论剑结束后，马云和克林顿、马化腾等嘉宾合影

2005年9月第五届西湖论剑，马云对话杨致远

马云对话周星驰

马云与索罗斯在江南会大讲堂

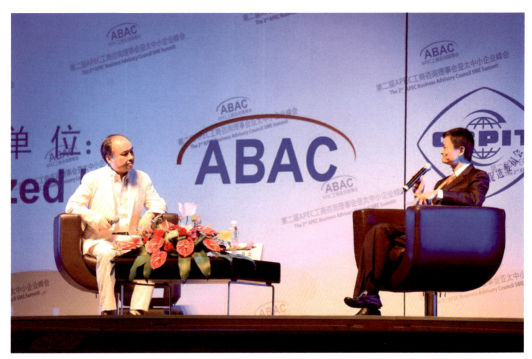

马云对话孙正义

马云与施瓦辛格

马云与王健林在央视"豪赌"现场

恒大集团与阿里巴巴集团签约现场

马云打太极

马云为员工集体婚礼当证婚人

马云在"双11"购物街现场

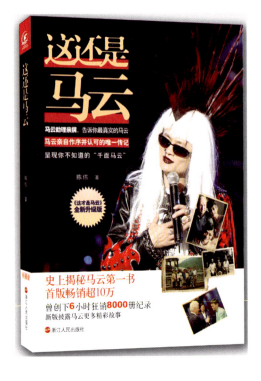

做马云的下一个对手

ZUO MAYUNDE
XIAYIGE DUISHOU

陆新之 ● 著

西南财经大学出版社
Southwestern University of Finance & Economics Press

图书在版编目（CIP）数据

做马云的下一个对手／陆新之著. —成都：西南财经大学
出版社，2014.9
ISBN 978-7-5504-1358-0

I.①做… Ⅱ.①陆… Ⅲ.①商业经营 Ⅳ.①F713

中国版本图书馆CIP数据核字（2014）第058558号

做马云的下一个对手

陆新之　著

责任编辑：张明星
助理编辑：税晓莉
责任校对：李　筱
特约编辑：乔沐之
责任印制：封俊川

出版发行	西南财经大学出版社（四川省成都市光华村街55号）
网　　址	http://www.bookcj.com
电子邮件	bookcj@foxmail.com
邮政编码	610074
电　　话	028-87353785　87352368
印　　刷	北京合众协力印刷有限公司
成品尺寸	165mm×230mm
印　　张	18
字　　数	185千字
版　　次	2014年9月第1版
印　　次	2014年9月第1次印刷
书　　号	ISBN ISBN 978-7-5504-1358-0
定　　价	35.00元

CONTENTS
目录

前 言

为什么是马云

    这本书的写作前后延续接近两年。这正好是江湖上一直传言到证实阿里巴巴上市的最热闹时刻。

    这篇前言，由酝酿到定稿，又是大半年。因为在书店里面各种马云头像作为封面的出版物之中，要增加一本有新意的新书，是相当不容易完成的任务。所以，这本书数易其稿，最后就选择了一个以前未有作者实践过的双线角度——既写马云在打造这个1500亿美元市值的互联网商业帝国的各个关键时刻，同时又能由事实之中跳出来，由更多维的角度，与读者分享在这些关键阶段所获得的商业启发。这会是一本轻松的书，又是一本引人思考的文本。

    很长一段时候里面，中国的企业家在公众的眼里，只是一群面目模糊的人。大家只知道这是一群成功的人，一群拥有财富和话语权的人，又或许，总是挥金如土，过着衣香鬓影和挥斥方遒相夹杂的生活的人。而这群人，有着共同的性格，比如果敢决断钢铁意志，又比如老谋深算善于掩饰。

马云，则因为他特异的长相、出奇精彩的演说能力和超出商界话题的幽默言论，逐渐成为一个公众偶像。在很大程度上，他已经不仅仅是一个生意人关注的企业家，他成了一个大众都接受与好奇的明星。

我在八年前的夏天第一次见到马云之前，他的创业史便早已经传遍了大街小巷，这位个子不高、身材清瘦的杭州男人，已经俨然成为中国最具人气的新一代企业家的代表，他的成功经历，他对创业者的循循教导，他对互联网经济的理解，以及他对企业家社会责任的承担，这一切，通过他的一次次的演讲、电视节目以及外泄的内部邮件广为传播。只要与他接触多几分钟，只要他开口，你就能感到，这确实是一个特具魅力的真人，同时又是一个别具性格的企业家。

生意与人情

马云，之所以成为今天的马云，原因很多，理由很多，在本书正文之中也会有详细的描述。但是，我最想告诉大家的是，马云与他的兄弟班们如此这般的感情维系。

在创业的时候，马云会不断地做梦，也会跟他身边的难兄难弟们讲猛，而其中一个梦是这样：阿里巴巴创业成功了！马云带着团队所有人去巴黎过年，住当地最好的大酒店。在大家已经惊喜万分时，他悍然宣布，年夜饭后还发年终奖：每人两把钥匙。在大家莫名其妙时，他再说，我给大家每人在巴黎买了一栋别墅，还有一辆法拉利跑车。结果在梦里，当场有人因心跳过速被送进医院……

在十几年前，在马云给员工每月只发500元生活费的时候，这确实是一个有点无厘头的梦。与和马云日后发表过的那些振奋人心的梦想相比，这个太实际的梦显得有些不着调。可是，这个故事却给我留下了深刻的印象。

有这个梦想的马云，没那么高瞻远瞩，却平易近人。他的梦想里有财富和成功，更重要的是，有他的团队和他的朋友。

第一次见他，在北京温特莱的办公室。那时候的阿里巴巴远没有今天这么风光。办公室里面宽敞而简单，没有巨大的办公桌，也没有气派的大班椅。只有一张靠窗的会议桌，旁边摆着一组沙发，还有一个书架。书架上有一些小泥人，摆着武打的造型。

他比电视上看起来更加瘦，也就显得脑袋更大，穿着简单的白衬衫、休闲裤，同样的打扮，我后来无数次地见过。说句实话，作为观众，我也没有看出他身上的衣服有名牌的气息。后来才听他助理陈伟揭露，马云被太太带着出去买衣服，大都是身体参与而精神不参与。任由摆布。

以后的多次接触，马云的发散式思维与语言魅力给我印象深刻。一天中午，在长安街路南的一家韩国餐厅的大厅里面，他给我们七八个人绘声绘色地讲了一个太极大师陈露禅学艺的故事。他在这方面的长处显然是属于天份，而不是后天学习、训练得来的能力。他讲话略带一点点杭州口音，语速很快，讲话的时候动作幅度很大，表情异常丰富，眼睛紧紧地看着你，这个时候，你往往会不由自主地相信他所说的话。更何况，他的话从来不是枯燥的大道理，他喜欢用故事来表达自己的思想，而不是干巴巴地唱高调。他的很多警句，在不太阅读的淘宝店主之中，都能广为流传。

我不知道是因为他本身的性格直率，还是因为他在商界的地位使得他在讲话的时候可以没有那么多的顾忌。在他的嘴里，你可以得到更多的对其他人，包括对竞争对手的直接评价。而这些评价，有时候出人意料，有时候甚至非常尖刻。同时，这些一针见血的臧否，往往过后很快得到验证。

马云是很相信感觉的一个人，对人如此，对环境也如此。有一次聊到传统文化的话题，他开玩笑说他也懂风水，然后他解释说，其实所谓的风水就是气场，而一个敏感的人对于自己所处环境的气场，是会有敏锐的感知的。所以，所谓好的风水，其实就是能让人觉得身心舒畅，心情开朗的环境。同理，人，或者朋友，也是如此。

实际上，环境不单单是指地理环境、物理环境，环境中最不可或缺的一个因素，是人。不同的人在一起工作，组成一个个不同的气场。这些经历过时间考验的朋友们，在生活上志趣相投，性格上互相投契，为人知根知底，和这些人一起工作，不是更能形成令人心旷神怡的气场吗?

　　有一天,我有机会走到阿里巴巴的内部去,观摩他们的内部年会。那是金融海啸爆发之后人心惶惶的时刻,在不对外的杭州年会上,带着拯救中国经济使命的销售员们,围绕马云发出的山呼海啸一样的欢呼声刺激得我头皮发麻。更重要的是,这次见证终于解决了一个长期困扰我的问题:企业文化和价值在企业发展的过程中究竟有多大的作用?那次与其后的多次现场见证,让我终于解除了困惑,阿里巴巴一直如此强调企业价值观,是有它的道理的,这家企业在这方面,确有过人之处。

　　我不再认为马云是一个狂妄的人。有一次我和他开玩笑说,看到了1997年中央台给他拍的那个《书生马云》,片子记录了他出去忽悠未遂的历史。他会很坦然地回答,现在也常常忽悠不成的。事实上,经常谈到别人对他的一些光环与赞誉的时候,马云会腼腆地自嘲。

　　他也曾偷偷抱怨说,有一次他打算在内部年会上跳钢管舞,衣服都穿好了,而公司的重臣彭蕾就是不让他上,把他的表演梦扼杀在后台。听到太多他默默协助朋友的事情,我也逐渐理解,他为何常常会在公司的治理上表现出一些中国式的情谊与义气。中国人的人情,和商业社会的伦理并不是冲突和对立的两样东西,好的企业治理,也未必就一定要照搬西方式的冷冰冰的去人情化的生硬模式。

　　由1993年从事媒体工作开始,我走访的上市公司一百多家,接触的高管近千人,认识的明星企业家也很多。而经常听到他们互相之间的臧否与点评的时候，我经常会哑然失笑。因为这些在公司运营之中体现雄才伟略的商业英雄，他们互相之间的了解也极为有限，而且常常会根据有限甚至明显错误的基本事实就发言与表态，所以就会闹出很多关公战秦琼的笑话。我也因此意识到，对一家企业、对一个人的判断，都应该谨慎再谨慎。无论这家企业和这个人的媒体曝光率有多么高，如果你没有近距离观察就妄下判断的话，往往就会有失偏颇。

豪客与对手

曾几何时，马云可以轻松地笑谈，打着望远镜都找不到对手。而由2011年的阿里巴巴"本命年"开始，不管是主动还是被动，马云都会与一些以前想不到的对手交锋——他们可能是香港证监会南华早报胡舒立做空机构，也可能是雅虎百度腾讯奇虎，甚至是在语音聊天室试图结队攻打天猫商城的小卖家乃至草根自媒体……

事实上，马云与在美国上市的阿里巴巴集团，这几年的对手将会应接不暇。原因无他，能力越大，责任也越大。马云们的产业规模越来越大，涉足的领域越来越广，实力壮大的同时，对手们也比起之前几何倍数地增加。从2012年获得80亿美元贷款开始，阿里帝国就踏上了大手笔收购之路。根据投中研究院统计数据计算得知，仅2014年上半年阿里巴巴已披露交易额的主要并购交易总额就达到了268亿元左右。可以说，阿里巴巴帝国是有史以来短时间花钱收购最多的中国豪做空机构。

马云的胃口非常好。他吃下并购对象包括高德软件、文化中国、陌陌、酷飞在线、新加坡邮政、恒大足球俱乐部、UC优视、21世纪传媒等，其中，与优酷土豆、高德软件、文化中国的交易规模分别达10.88亿美元、11亿美元、62.44亿港元，对UC优视30亿美元的估值更被认为是目前国内最大的互联网并购交易记录。

和百度、腾讯围绕自身核心业务进行并购不同，马云麾下的阿里巴巴帝国可谓全方位出击，除了涉及互联网、IT、文化传媒、物流等多个行业，还大踏步杀入金融、文化、娱乐、健康医疗等全新业务。显然，马云们在下一盘很大很大的棋。

阿里巴巴的大规模并购行为，仍在遵循阿里巴巴集团董事局主席马云一直以来强调的"接力跑"式发展。第一个讲新商业文明的马云思路清晰——阿里巴巴要成为跨越三个世纪的百年老店，就需要不断地发现新的市场需求，从事新的业务，以新业务作为公司未来增长动力。在马云的构思之中，B2C业务是阿里巴巴事业的第一波，第二波是淘宝和支付宝，第三波是大数据以及紧密相关的金融与物流等业务。

投资菜鸟网络，收购高德地图，入股海尔、银泰，是为了拓展传统电子商务，进而完成O2O（线上到线下）布局；收购恒生电子，入主天弘基金则是在巩固互联网金融优势，拓宽护城河；而投资天天动听、虾米音乐、华数传媒、文化中国、优酷土豆、恒大足球则是看准了泛文化娱乐产业的巨大未来。这也是阿里帝国的第四波攻势——用户基数更为庞大的文化、娱乐和健康产业。这些产业将会是未来阿里巴巴投资的重点，并有可能成为公司未来新的重点业务。这意味着，这些领域中现有的公司，只要不是投奔到阿里帝国旗下，就会成为马云的一个个新对手。

因此，马云会提醒公司上下："以目前的体量、规模和影响力，今天的阿里巴巴和之前的阿里巴巴不一样了，社会、公众甚至政府对我们的看法、期望、要求也完全不一样了。未来相当长的一段时间，我们还会遇到各种各样的冲击，我们要客观地看待任何批评，因为大多数人在批评你的时候，尽管措辞让你受不了，但他们是善意的，对我们是抱有期待的，很多人讲的是有道理的；社会上有很多的不理解和误解，说明我们对外的沟通和表达不够。"

作为一家估值1500亿美元的公司，创始人与掌门人马云的理解是非常到位的："我们离完美还太遥远，确实需要面向未来，审视自我；确实有很多的东西有待提高，确实需要为社区、为城市、为社会付出更多；确实需要坚持阿里一直以来的使命感。"

事实上，我宁愿相信，围绕着马云们的各种形形色色的对手很多，但是这些对手并非他的敌人。在一个开放之中的中国社会，一家体积如此巨大的公司，有再多的竞争对手都是可以理解、可以想象的。但是，双方之间，并非你死我活的仇敌，大家将会在广袤的市场之中充分展开角逐，争取客户、创造价值，最后分出高下。

马云提醒说，证明自己最好的办法就是努力做得更好，担当得更多。坚持坚持，相信相信。当别人没有适应我们的时候，我们不如先学会适应别人的不适应。

这段话，对于马云的粉丝、合作伙伴或者对手来说，都同样适用。现在，就让我们进入本书的正文，一步步理解与掌握马云的坚持坚持、相信相信与适应不适应。

陆新之2014年8月于杭州西溪湿地

第一章

这些，我不说你未必知道

　　所有的创业者都应该多花点时间，去学习别人是怎么失败的，因为成功的原因有千千万万，失败的原因就一两点。所以我的建议就是，少听成功学讲座，真正的成功学是用心感受的。有一天如果你成为了成功者，你讲任何话都是对的。

——马云

年轻的时候看《三国》，每每看到魏延一掀帐门，带进一股妖风，"扑哧"一下将孔明的七星灯给吹灭了，便匆匆掩卷，不忍心再读下去。后来的电脑游戏"三国志"风行一时。玩家在抓到曹操之后，可以手起刀落，"咔嚓"一声将这一代枭雄的脑袋砍了，为天下苍生出一口恶气，感觉到无比的欣慰和快感。至于诸葛亮的崇拜者，可以让他扮演一下曹操的角色，搞一下篡权夺位，以满足自己那颗不安分的心，虚拟世界中不会有史官跑出来指手画脚，真是痛快。

"三国志"游戏带给我们的是改写历史的快感，那有没有想过，以我们的天纵奇才，商业史改写也是大有可能呢？

事实上，雅虎近年节节败退，让好多人实在很想参与进去，替曾经的极客帅哥杨致远出一把力。当年那么家底雄厚辉煌一时的门户网站雅虎，怎么会反应迟钝、一步步陷入温水煮青蛙的困境呢？那边厢，看到手机老大诺基亚被苹果一年屠杀，更是让人怀念起拿着摔不坏的诺基亚玩贪食蛇的年轻岁月。这可是一百多年来都按照季度给股东分红的好公司啊，不应该这样就被击溃。理论上而言，还有很多机会反败为胜的。至于移动互联网的机会，更看得人好生手痒！"王侯将相宁有种乎？"

商场是和平时代好儿郎大展身手的好场所，你看马云，从一个英文补习班教师做起，凑齐了18人跌跌跄跄地起步，最后打造出一个价值数百亿美元的商业帝国，这是多么激动人心的传奇啊！

且慢！先醒醒，别兴奋得太早！每年创业的激情男女数以百万计，但是真正能够存活下来的比例据说只有几百分之一。只有5%的小公司能够熬过五年。我们不得不正视的是，开个公司能活下来，能够每个月给员工发薪都挺艰难，改写商业历史哪有那么容易。真正的创业，与许多人对于创业玫瑰色憧憬相比，还是有很大差距的。这本书，就是帮你解决这个问题。让你能够把握商业技能，先是存活，然后发展，最后发展到有一天，能够挑战一下马云的阿里巴巴。

第一节

别让成功学耽误自己

20世纪90年代中期，出版业进入一个增长期，励志主题的书籍生命力异常顽强。这类书里面，面目模糊的"大师"、"高人"们苦口婆心地教人成功，教人出人头地，教人考托福高分，教人怎么生个神童，教人成为杰出的推销员，教人赚第一桶金，教人成为百万富翁……

这类书十几年来经久不衰，常常隔三差五地又冒出新款式来，在各种图书排行榜上都少不了它们。我当然相信教化的力量，也就是知识的力量，但是我不相信激素的力量，想靠这类书成功的人，就相当于把自己速效催肥，特别不科学、不对路。

大千世界，每个人都有前因来路，性格气质很难一样，每个人成长的过程，都伴随着身边的一切因素相互作用、相互博弈。这不是命运，不一定真是有命运的操控，但是每个人有自己的际遇，际遇的变迁也并非让人能够轻易摆脱的。成功者有自己的个性和脉络，你可以偷师模仿，或者再高明一点，克隆他的某段经历或者某个招式，但是克隆不来他整个思考判断和决策的过程。想用一本书为一个人脱胎换骨，要么是作者信口开河，要么是读者自己糊涂，总之都是不靠谱的。

创业者心中的"大神"马云就曾说，所有的创业者都应该多花点时间，去学习别人是怎么失败的，因为成功的原因有千千万万，失败的原因就一两个点。所以他对大家的建议就是，少听成功学讲座，真正的成功学是用心感受的；有一天如果你成为了成功者，你讲任何话都是对的。

阿里巴巴的员工早就一万多人了，里面自然也有人听成功学课程，对此马云也能理解，他说，"只是偶尔听一两次，振奋一下精神"也行，但是"如果以成功学为榜样，经常听，只会物极必反"，用马云的话说就是成功学讲座"听个四五次，这人就废了"。

我们身边最常见的一幕是：那些做"直销产品"的业务员，产品虽好，但是听了太多的"培训课"，被严重"洗脑"，以至于见到一个人就推销自家产品，令人烦不胜烦。结果客户还没有听到重点，就提前找个借口逃之夭夭了。

熟悉马云的人都知道，他是一个充满激情的创业者，崇尚激情创业、激情创新、激情冒险。这么多年，他始终保持激情，但这种持久的激情与成功学无关，成功学带来的激情只是短暂的。他说："创业者的激情很重要，但是短暂的激情是没有用的。"

所以，你现在看到的这本书，并非那种让人激情一时、鼓吹一夜发达的书，而是一本随着阅读你可以进行商业智慧寻找和演练的书。

写作这本书，为的是给大家提供一个有趣的尝试，一种将阅读和参与商业事件混合的体验。

我们期待的读者，是16岁到46岁的人群，那些拥有着改变自己命运的愿望，希望在今天和未来的商业社会实现光荣和梦想的普通人。

成功人士没跟你提起的那些事

这个时代传媒高速发展，人类八卦神经越来越发达，社会经济现象更加娱乐化，我们看到的发家致富的故事都不约而同地具有戏剧性和偶然性，一夜暴富的故事不断涌现，成功企业家抓住机会短时间发迹的案例分析层出不穷，教人快速赚钱的书更是在各种场合纷纷抛头露面……而这些又不约而同地隐瞒了许多成功人士在功成名就之前经历的艰辛与波折。

许多人喜欢读成功人物传记，希望从他们的经验中汲取养分，但这些成功人士在讲述自己成功心得的时候，时常也会对背后某些重大情节或者细节删删减减。这就如同很多游戏高手，动辄对着新手们吹嘘自己在游戏之中如何达到今天的高级别一样，其实大都并非事件真相，切不可轻信。

下面这个故事据说发生在美国。

一位像你我一样相信自己能够做成一番大事业的年轻人，机缘巧合，遇到了一位商界之中声名显赫的亿万富翁。他心想，高人在旁，机不可失。但是转念又一想，贸然请教别人发达秘诀不仅不客气，还显得自己幼稚，于是他变通了一下，请教这位富翁当年是如何起步走向成功的。富翁倒是好耐性，娓娓道来。

"那一年是大萧条，我只有5美分。"

"哦，那是1929年，对吧？"年轻人说。

"是啊。我就用这5美分买了一只苹果，第二天，用10美分卖了出去。"

"哦，你赚了5分钱啦。"年轻人若有所思。

"第二天，我又用这10美分，买了两个苹果。"

"哦，那么，第三天你一定把两个苹果都卖了出去。"聪明的年轻人恍然大悟。

"哦，第三天，苹果我忘记哪里去了，因为第三天我就继承了一笔200万美元的遗产。"

这个关于财富的冷笑话，生动地指出，所谓的成功途径，绝非那些成功人士的自传或者他传之中几条简单的道理就可以概括的。

千万记住，所谓成功企业和成功企业家对自己的经验总结与现实往往是两回事，流行的传记之中难以避免炒作和宣传的成分，回忆录中往往省去了一些不为人知的关键点。看得津津有味、血液沸腾的读者往往会被误导。事实上，因为存在很大的风险，所以做生意不是所有人都适合选择的道路。据统计，美国每年有大约200万家新创企业，其中70万成功地完成注册，可能有成长的机会，成功注册的公司8年后仍生存的只有5%。在中国，创业公司5年后存活几率可能不到1%!

不说你未必知道，创业是一个心理和生理都面临挑战的历程，企业初创阶段所面对的困难往往令创业者的个人和家庭生活都受到影响，财政上承受着巨大压力，万一失败还要承担一系列"后遗症"。所以，这场硬仗打赢了固然可以带来财富，但创业者还要承受许多随之而来的东西，包括心理的压力、焦虑、挫折、喜悦、无助、成功的满足感、付出代价时的痛苦等。

酸、甜、苦、辣是每个创业的人必经的历程，挫折、困境、失败都是必然存在的，每个人都可能因为自己的幼稚、鲁莽、无知、多疑或者轻率而失败，甚至再也无法翻身。商业世界不是谁都能莽莽撞撞地进入，更没有人能仅凭侥幸活下来。

第三节

屌丝才做"豪赌"梦

　　港产片现在不如以前流行了，赌博题材的电影也少了。但是在改革开放之初的20世纪80年代，赌侠、赌神、赌棍风行的时候，时常在荧幕中看到身穿黑风衣戴墨镜的大哥，手捏一把烂牌，气定神闲来一手All in（全押），抽根雪茄等着坏人主动认输投降，何其快哉！

　　纵观如今的财经媒体，标题上"豪赌"二字也很眼熟。投资某领域是豪赌，在某地开厂是豪赌，用某人做CEO也是豪赌，说得好像做生意，除了豪赌就没别的出路，老板个个都是风险资本家似的。

　　其实即使在华尔街最为硅谷神话倾倒的时候，风险投资家也不外乎只做两件事，第一是在人才身上下赌注，第二是在技术革命的创意上下赌注。他们早就知道，投资成功的比例是相当有限的。这些赌注，实际上大多数都将付诸东流，但有一小部分却可以一本万利甚至改变世界。在他们的会计账目上，成功的案例不到20%，真正能赚大钱的，就只有百分之几了，其他百分之八九十的项目是玩玩的。可是风险投资家投的是别人的钱，这些钱可以打水漂，但是你可不能把自己当风险投资，否则一旦成为那不成功的百分之八九十，就是血本无归了。

豪赌不是人人都能玩的，做生意从来不是靠豪赌能够成功的。把鸡蛋全部放在一个篮子里面，想孵出无数小鸡再变成老母鸡然后再生无穷鸡蛋的模式，基本上是睡觉之前的好梦，操作性微乎其微。

作为白手起家的成功代表，马云创建阿里巴巴所做的每一个战略、跨出的每一步，都是深思熟虑的结果。你有看到他两眼一闭，就把一堆钱砸向某个领域吗？他就算笑嘻嘻地谦虚着这么说，你也别信。纵观阿里巴巴一路走来，无论是当初下决心做互联网，还是做淘宝网、拆分淘宝网、与雅虎合并、回购雅虎股权，还是后来退市，哪次是马云豪赌的结果？

说到马云的成功，常被人提及的是他的坚持，这固然不假，但是如果没有看到互联网的前景，没有看到B2B、C2C的前景，他会坚持吗？一句话，因为他看到了这个领域的未来，所以他坚信；因为他坚信，所以他坚持；因为他坚持，所以他成功。换个角度，如果马云有豪赌之意，恐怕没有哪个投资人敢把钱交给一个赌徒。

成功的商人总是喜欢把自己的成功掺上些许豪赌的戏剧性成分，但实际上他们比任何其他人都具备风险意识，他们也许在一定程度上也愿意冒险，但必须是经过严谨计算并可以有效控制的风险。毕竟一旦失败，他们付出的代价会是倾家荡产。他们需要收集和筛选足够的数据和事实，通过精确计算风险来支持他们的决定。当然，勇气对于创业者来说很重要，不去逐步加码就不可能真正知道做大生意的滋味，也无法证实自己真正的能力到底有多大。关键，就看循序渐进这个尺度如何把握。

第四节

有钱不是"大晒"

　　港产片里面有句很义正词严的台词："有钱不是大晒！"（粤语里面的"大晒"，相当于现代汉语"大于一切"的意思，但是还要更霸气许多！）的确，钱和商业成功没有必然关系，否则，就无法解释，改革开放以来，众多民企如何能够后来居上，在竞争之中战胜许多大型国企与超级巨型的外企，壮大为百亿千亿公司。全世界的商业历史之中，也多是后起之秀打败老店家大牌子的故事。

　　前几年，在互联网领域，那些五花八门套了国外风险资本家大笔美金轰轰烈烈开场的、出生就有好多钱的概念公司，真正存活下来的没有多少。反而是那些草根儿万几十万筚路蓝缕起家，把握一两个机会就成功上位。在内地电商界，淘宝网打败eBay（易贝）易趣就是经典案例。出于种种原因，不缺钱的Google（谷歌）与Yahoo（雅虎）也一样在大陆败走麦城。即使由马云与阿里巴巴接盘的雅虎中国，也是因为先天不足，导致内部矛盾重重，最后药石无攻，挽救无力，现在彻底沦为行业之中一个无足轻重的企业。

真正能够成功的，通常是拥有某种类型价值观的人，金钱不会是他们的唯一目标，也不会是他们唯一的手段。他们具有超出日常标准的价值观，他们既是理想主义者，又是现实主义者。创业者实现自我价值的方式是发现市场的一次特定机遇，然后去建立一个组织去实现，并通过推出新的产品和服务去满足社会或市场的特定需求。他们都是一群不甘于平凡，愿意为追求更大目标而付出代价的人，这个理想并不是钱本身，但由于创业者所从事的是商业活动，钱是他们的成绩单和里程碑。钱肯定不是企业存在的唯一目标，单纯追求利润尤其是快钱的企业是难以长久的。

对于今日淘宝网的辉煌，曾鸣教授——阿里巴巴集团参谋长，一度出任中国雅虎总裁的非典型学者有深入解读。深得马云信任的他，曾用"大舍大得"来形容马云的战略选择。因为舍得投资、舍得"烧钱"、舍得让新成立的业务处于战略亏损状态，马云花了五六年时间，成功实现了在电子商务"跑马圈地"的目标，结果在2012年收获了硕果。2012年11月11日，淘宝和天猫的单日总交易额高达191亿元，比之前预期的100亿元高出近一倍，同比增加260%，是美国最大网上购物节"网络星期一"2011年单日交易额的2.45倍。截至2012年11月30日21点50分18秒，淘宝和天猫2012年总交易额已经突破一万亿，占全国社会消费品零售总额的5%左右。2003年淘宝建立的时候年销售额只有2000万元，短短10年时间，5万倍的增长着实让人瞠目。

对于淘宝网的成功，马云的回答很有范儿。他说："淘宝要真正赚钱，我还是这句话——要开始考虑赚钱的时候，是你帮别人真正赚了钱的时候。但现在，还不是淘宝收费的时机，因为市场还需要培育。"

他断言："真正有钱的人，把钱看轻，如果满脑子都是金钱，这个眼睛是美元，那个眼睛是港币，没有人能把生意做大。"在他看来，很多东西比金钱重要。"信用不是金钱，但它比金钱更重要。"这是阿里巴巴创业10年后马云说的，他也始终有意识地培养企业的信用观念，打造自己的"信用帝国"。

翻开阿里巴巴的历史，关于诚信的故事可谓"不计其数"，而诚信为阿里巴巴所带来的利益是无法估量的。早在阿里巴巴创业初期，马云就给自己的团队立下两个规定：第一，永远不给客户回扣，一经查出，立即开除；第二，永远不说竞争者的坏话。这两条规定，前者是为了避免阿里巴巴失去客户的信任，后者是让大家遵守商业道德，也为公司树立形象。

在阿里巴巴的企业文化里，有这样一个排名关系：诚信第一，销售第二；价值观第一，业务能力第二。马云认为，诚信远比市场重要，比金钱重要。

在通向成功的道路上，资金并非唯一需要的资源，对于有些行业而言甚至不是最重要的资源。初起步的创业者往往缺乏资源的支持，资金只是这种资源的组成部分，目前的低利率时代，市场上充斥着缺乏出路的资金，所缺的是懂得有效运用他们的公司和企业领导者。其实，创业者真正缺乏的还包括其他一系列资源：客户基础、供应商支持、有能力的员工和团队支撑、品牌和声誉、技术和服务支持体系、生产工艺流程等。

在有限的资源下作战，就需要提早进行充足的准备和积累，其中一个好办法是在没有正式下海之前，尽量在各种可能的条件之中模拟，使自己适应将来需要面对的环境。所有的资源积累都需要一个过程，每个人的成长都要交学费，企业家的成熟需要付出代价；初创的企业由于资源有限注定了难以承受大的失误，没有多少资源可供浪费。这些代价通常是难以避免的，创业者很可能会在创业初期栽跟头，也可能导致初步成功后的滑铁卢。

纵观马云驾驭阿里巴巴的一路狂奔，创业者可以学习掌控以上因素，逐步培养经商的直觉和经验。

二十几岁要保持灵活性

万科创办人和掌门人王石在总结自己成功的因素时，首先提到的是运气，然后再说自己的努力。这是很实事求是的。

就像前文提到的，企业失败，是十分寻常的事。

成功需要天时、地利、人和以及足够的运气。不要小看运气，如果时运不佳，再出色的企业家也得在困境中挣扎。成功之路就像一条漆黑的隧道，行走的人在看到曙光前都是一片黑暗。看到光明前的心理承受能力和对实现理想的执着，是决定成败的重要因素。真实的创业都不是一帆风顺的，必须在创业前积累足够的资源，才能撑到成功的那一天。

有无数年轻人空怀着发达的梦想，每个月却只能抱着扣除了房贷或者车贷后所剩无几的工资垂泪到天明，或者只能趁喝了廉价劣质的白酒上头的时机，控诉老婆上了售楼小姐的当。据说，经常有小夫妻俩去看楼盘，结果老婆冲破丈夫的顽强阻拦，执意买了诸如飞机航线底下或者能看到"北京欢迎你"路牌的住房。

其实这事还真怪不得老婆，中国人对于房产的迷恋是一个永远也割不断的情结，"居无所"是跟以前"无田产"或者"无后"一样的大罪过。至于车，经过将近20年对国外人人有车的美好生活的憧憬之后，咬牙买一辆属于自己的汽车也很容易让年轻人花光积蓄。

要成功，就必须把思考和经营的焦点放回到商业本身。创业的本钱也好，初步的赢利也好，都需要理性、建设性的考虑，不能为了追求短期成功的幻觉而轻易挥霍掉。年轻的时候，金钱资本是最缺乏的，也最应该把好钢用在刀刃上。此外，不要让自己背负上沉重的经济负担，保持创造力与机动性是最重要的。机会只属于有准备的人。当开始一番新事业的机会来临，你却因为每个月要偿还房屋贷款而瞻前顾后裹足不前，甚至放弃理想，回到每天挤公交到格子间上下班的庸常生活之中……那是多么不值得！

2001年4月，《富爸爸穷爸爸》一书在中国内地图书市场创造了"神话"，一上市发行量便突破150万册，从而引发了同类图书的出版热。可惜的是，《富爸爸穷爸爸》白在中国卖了上百万本；在美国赚了大钱的日裔作家罗伯特·清崎，白苦口婆心劝大家别有了几个钱就忙着买房子买车子。与其被房子、车子的供款捆住（不但失去创业的机会，还要承受节衣缩食的痛苦）不如把首期用来投资，或许两年以后你就不用按揭，可以甩出一叠人民币全款买下更大的房子了呢。

为什么很少人能做到呢？创业是一项系统工程。在买车买房时，就应该考虑这么做对以后可能造成的影响，创业是很早就应该考虑的一项人生目标，其他的家庭决策都要与之相配。现在再来谈《富爸爸 穷爸爸》似乎有些过时，但它的确是一本好书。它让"财商"成为继"智商"、"情商"后又一个家喻户晓的舶来语。

所谓"财商"，是指一个人对金钱的敏感性，以及对创造财富的认识程度。《富爸爸 穷爸爸》的上万封读者来信中透出这样一个商机：60%以上的读者都希望学习更多的理财知识。它一度让财商培训成为培训市场的新主题。然而，很快，长期处于消费匮乏阶段的人群，又把罗伯特苦心孤诣的生财之道抛在一边。

马云也建议年轻人不要买房，租房子就是幸福，他说："假如你一个月五千多元钱，你交了房贷只有三千元。如果一个月只花一千五百块钱的话，你会非常痛苦，天天和女朋友吵架，怎么混。但是换过来说，你能够拿出一千五百元租房子，你每天对生活充满信心，不断换房子，这个小区不好，换另外一个小区。有的时候跟老婆吵架，原来是房子风水不好，再换一个，这样可以找到很多的乐趣。"所以他劝阿里巴巴的员工去租房子，不要买房，把眼光放长远一些。

马云和阿里巴巴的成功，除了机遇、坚持和团队的优秀，最重要的正是作为决策者的马云，有着非同寻常的长远目光，而不是追求一时的满足与短期成功。

早在1988年，马云用仅有的2万元起家进入互联网行业。此时，在国内，瀛海威已经发展了三年，是当时的互联网行业的龙头老大。瀛海威如果没有什么致命祸患，同行很难撼动其地位，更别说将其完全排挤出这个行业了。可没几年，因为战略选择失误，方向不对，这位龙头老大就彻底消失在人们的视野中，公众普遍知晓的则是后起之秀新浪、搜狐等门户网站以及电商大鳄阿里巴巴。

回头看，B2C领域，eBay控股的易趣，在中国起步早，规模大，已经扫荡群雄，但是却在两年间完败于淘宝网。eBay易趣失败当然有很多内因，不过最直接的导火线在于易趣的收费机制，因其收费过高而最终被中国市场的消费者淘汰。相反，凭借免费机制大量争取客户的阿里巴巴旗下的B2C淘宝网却打了一个漂亮仗，马云凭借此次机会，获得很多人梦寐以求的先发优势，抢先快速圈地，从此淘宝网为人所熟知。

业界在评价淘宝网成功抢占先机时，总要提到马云的免费策略。可马云为什么能想到免费争取客户呢？

马云认为，中国的国情，在于中小用户众多，而中小用户的特点，在于资金少，没有能力花费重金投资。根据这个国情，马云站在广大中小用户的立场上，找准客户的需求点，果断地推出免费策略，将"孤岛"的土地拓展得尽可能广阔，将广大的市场无限容纳在自己所创立的平台上，使广大中小用户为这块神奇的陆地所吸引。结果，阿里巴巴成功地吸引了这些中小用户，这些企业也在这个平台上获得了尽可能多的利益。

古人云：欲先求之，必先予之。做生意也是同样的道理，你想拥有更多的客户、拥有更勤奋的员工、更多利润时，必须首先放下这些直接渴求，首先反思自己能为别人提供什么，然后尽最大努力——哪怕亏本也要帮助到别人。短期来看，你可能赔本了，但后期所获得的回报却难以估量。

第六节

别上"机会财"的当

　　大环境的变化总会让市场出现一些机会,有些人早看到,通常就会先赚一笔。但是之后就会迅速被摊薄利润。我国港台地区一度出现的葡式蛋挞专卖店和内地的"土掉渣"烧饼,都是短时间畅销,于是大家一窝蜂都开,按照老北京的说法是"臭大街",导致大家生意都不好做,接连关门最后没剩下几家。这就是典型的来去匆匆的所谓"机会财"(EASY MONEY)。

　　世界商业史上,最大的"机会财"多半出现在房地产行业。因为这个行业一旦遇上大行情,你什么事也不用做,只要买一块地摆着就等着不断赚钱好了,不需要什么特殊的技巧。经济高速增长地区,房地产市场价格往往连续几年都单边上升,动辄飙升两三倍,很多公司忍不住诱惑跑去做房地产,连制造业公司都跑去盖房子。当然,房地产价格涨得太高了，就成为泡沫，泡沫一旦破裂，杀伤力非同小可。这种快钱会害死很多商业高人。

"机会财"是一时的，有些人赚了是因为看得准，可是这种持续时间不长久，这次赌赢了，但下次也可能赌输以致倾家荡产。机会财不能持久，但对商人的诱惑很大。就像现在内地的房地产好起来，阿猫阿狗去做，很多声名显赫的大企业也跑去做，遇到宏观调控就变得骑虎难下。这个诱惑和陷阱中外皆然，而且专斩大将猛人，因为一般人，想亏那么多都没有机会。

"机会财"有个特性，就是当你赚了一笔之后，会改变你的经营心态，该去赚辛苦钱的时候就不会去做了，天天等着下一笔机会财，等到就赚到了，等不到就完了。买过足球彩票的人都知道，容易猜中赛果的时候，就算中了一等奖也没多少钱，赛果不容易猜的时候，那一等奖开出再多的钱来也没你的份儿，这个世界就是这么残酷。

21世纪初，光纤设备行业前景好的时候，大家一窝蜂去抢设备、抢人才，等到人才、设备抢到了，机会却不见了。可见"机会财"就算是赚到了开头，也不一定能赚到结尾。美洲著名的通讯行业巨头北方电信公司，卖设备卖到眉开眼笑，连名字都改成北电网络，以增加吸引力，表达与网络共存亡的决心。结果呢？曾经是加拿大国家的骄傲，现在去加拿大做民意调查——"你最讨厌什么公司？"北电网络必定榜上有名，因为太多人的辛苦钱随着它股价的大跳水，永远都收不回来了。所以遇到赚"机会财"的时候要想一想，为什么只有你才能够赚这个的钱，是你比别人多知道些什么，还是有别的竞争优势？如果不是比别人早进去，或是比别人有能耐，就不见得赚得到"机会财"。这个时候，你如果能像马云一样对机会坚决说"NO"，也就向挑战马云迈出了一大步！

曾有人问马云，阿里巴巴的战略到底高明在何地，马云毫不迟疑地回答：真正优秀的公司都是简单的，一个优秀的CEO的主要任务不是寻找机会，而是对机会说"NO"！

无论阿里巴巴是"贫穷还是富贵"，是"顺境还是逆境"，马云始终认为，阿里巴巴的目标只有一个：电子商务——"只要是商人，就一定要用阿里巴巴"。有这样一个清醒的定位，阿里巴巴一直沿着电子商务的道路走了下去。

2002年，中国互联网回暖，存活下来的阿里巴巴开始有了不错的前景，很快就实现了赢利。有些高层认为，阿里巴巴已经有了很多有价值的注册客户，公司的资金已经足够让他们再开拓任何一个领域了。"是时候寻找新的机会和新的增长点了"。当时，温州人刚刚掀起炒房热，房地产生意很不错，有的高管就忍不住了："如果我们做房地产，那就赚大了。"

而且，即使不开发房地产，阿里巴巴也有其他的生财手段，比如靠收短信赢利、投资网络游戏，等等。这些行业与网络相关，完全可以作为阿里巴巴旗下的一个新公司独立运作。

换言之，那时候的阿里巴巴无论从机遇、资金、高层意见等任何方面来说，都具备抓住其他机遇的能力，如果及时在这些领域注入资金，利润会非常丰厚。

但是，马云却不这么认为，他仍然坚持走电子商务路线。他说："如果我们投资短信很快会赚钱，2002年、2003年短信业务拯救了中国互联网很多站点。只要投入这个就能够赚钱，但是我后来发现它不可能从根本上拯救中国互联网经济，只能够拯救一段时间。"马云还派人对一些门户网站做调查，结果是，做手机短信可能会出现欺骗客户的情况，这个业务必定是不长久的，所以马云坚决不做短信。

至于不做网络游戏，这个跟个人的价值观有关。马云比较认同中国人的文化传统即玩游戏是一种玩物丧志的行为，好男儿应志在四方。虽然今天已经有很多人能接受游戏产业，但总体来说，游戏产业在中国经济发展中的地位从来都无法登上主流，中国官方和民间的家长们，从来都没有向孩子们宣传或鼓励孩子玩网络游戏的。马云觉得，网络游戏从整体来说是一种不值得鼓励的产业模式。

虽然短信和开发游戏都能让阿里巴巴赚钱，但马云最终还是选择了电子商务，"我们还是坚定不移地做电子商务，尽管我们相信电子商务也许三年，也许四年五年都挣不到钱，但我们坚信八年、十年一定能够挣到钱。"正是因为这种坚持，阿里巴巴发展到今天，终于成为全球电子商务的著名品牌，将其他竞争对手远远地抛在后面。

相反，如果当初阿里巴巴同时涉足多个领域，而不仅仅是B2B，那么资金和精力被分流走的阿里巴巴，在电子商务领域恐怕很难成为龙头老大。最好的结果，它到今天可能还是一个能赚钱的公司，但这样一个什么都做的"杂货店"，肯定难以在人们心中形成品牌效应。如果做得不好的话，那情况就很糟糕了，正如投资短信业务，人们很快就会发现它是一个不能持续的问题生意，难以开发第二批客户，做此业务的公司很快就会完蛋——这种情形，与今天人们一提到B2B就会想起阿里巴巴是不同的。如果说"杂货店"一样的经营模式是做生意的话，那么坚持同一条路线，就是在做标准化产品，做的是国际化、全球化的标准化产品，哪个低端，哪个高端，哪个有更大的发展空间，一目了然。

不过，马云也不是神，他偶尔也有头脑发热的时候。2006年5月10日，淘宝网大张旗鼓地推出了一个"招财进宝"的项目，本质是竞价排名，是按照"浏览+成交=收费"的原则设计的。设计人员原以为这个项目充分显示了公平公正的原则，但用户的反应让淘宝措手不及，有些卖家表示很愤怒，"愿意付费的商品都排在前面，而且不会自动下架。不付费的商品排在后面，永无出头之日。为了不让自己的宝贝被淹没，卖家只有选择向淘宝付费"。

几天后，愤怒情绪高涨的卖家们决定组织店主在6月1日进行罢市签名活动：他们在5月30日提取支付宝中所有现金，6月1日零时开始罢市，不再登陆淘宝旺旺，50件商品以下的店铺将商品全部下架，50件商品以上的店铺拒卖商品。罢市组织者的口号是："淘宝有40万店铺，我们不能允许淘宝拿着40万人的利益一意孤行。"

即便马云在淘宝论坛上发表了一篇帖子，向网友致歉，承认淘宝在和用户沟通上存在问题，并用他一贯的激情呼吁他的用户们拥抱变化，但卖家并不买账，罢市照常进行。

不得已，淘宝网按照马云的意见，对"招财进宝"进行公投，将这个产品的命运交到用户手中。结果，有超过20万淘宝用户参与了投票，61%投了反对票。无奈，"招财进宝"的服务寿终正寝。马云能够顺应舆论，及时转向，这点应变胸怀确实值得欣赏。

尝试推出"招财进宝"的收费服务失败后，淘宝在2011年年底又尝试了另外一种收费方式。2011年10月，淘宝商城发布了一条新规定：将现行的每年6 000元的技术服务年费，调为3万元和6万元两档；将现行的1万元保证金，调至5万元、10万元、15万元三档。结果，比2006年推出"招财进宝"时更大的风波上演了。

3万多户小卖家组成了"反淘宝联盟"，对淘宝商城进行恶意攻击，针对大卖家进行恶意拍货、恶意给差评、拒绝收货、拒绝付款，从而严重干扰其正常运营。没多久，数十家淘宝商城的大商铺便"沦陷"，大部分商品被迫下架，损失达几十万元之多。

为此，淘宝商城向警方报了案，马云和淘宝商城总裁也纷纷表示为了对正当经营的商家和消费者负责，淘宝绝不妥协。

马云和淘宝的强硬态度让事件愈演愈烈，"反淘宝联盟"人数达到了5万。罕见的互联网"暴动"还惊动了商务部，商务部要求淘宝商城采取积极行动回应相关商户的合理要求。

最后，马云和淘宝网权衡利弊，作出了妥协，推出了五大优惠措施，这才平息了这场大风波。

"机会财"有风险，介入需谨慎。即使是马云这么能干的人，面对"机会财"，也有把握不住进退失据的时候，何况是刚刚开始创业的年轻人。

中国是发展中国家，机会很多，全世界的人和钱都一窝蜂地涌进来。但是即便是看上去满地都是机会的时候，我们也要未雨绸缪，想一想如果哪天经济衰退了，机会不多了，立志要成功的你该怎么办？

"机会财"是短线，管理财才是长线。赚管理财靠的就是管理的基本功，例如优化生产技术，开拓市场，注意客户服务……

商业世界比宫斗剧情更险恶

这几年，《甄嬛传》《宫心计》等宫廷女性争斗剧大热，不仅女白领津津乐道，很多男性主流人群与金领一族也对其中的明暗斗法大有共鸣。无论怎么说，宫廷也好，公司也好，都充斥了不同势力不同利益集团的长期较量，没有风平浪静的时候。现实的商业世界更是如此。一家公司，每天的房租、薪酬、水电等硬性成本就摆在那里，要持续获得收入、体现利润，就得不断战胜对手，赢得客户的信任与订单。

20年前，内地房地产第一品牌万科的掌门人、地产大腕王石还没有今天的江湖地位，但他心态上已经很圆熟了。他曾经很坦诚地跟我谈起他运营企业的得失进退感悟，"生意场上，是没有百战百胜这种事情的。说白了，十仗之中，能打赢五仗的，就叫作名将了。至于十仗里面能够胜出六仗的人，那就叫作常胜将军了"。

那时候我还年轻，哪里相信他这种黑色幽默，心想史书上的名将怎么会如此不威猛？一定是老王保守了，落后了。后来，深入了解了外企、国企和民企的多个案例，我才真正体会到商场比战场更残酷，而且有更多不确定性。日本的索尼也有进军美国大败亏损的例子；老谋深算的李嘉诚，一样有投资3G骑虎难下的时候；而手机之中的大哥大诺基亚面对苹果的狙击，反应慢了一点，结果市值就跌去九成，股价更回到1996年的水平！真是步步惊心，比热播电视剧《甄嬛传》里面的争斗还要严峻。再大的巨头，市场感觉迟钝了，说不准哪一天走错一步就轰然倒下了。

以国内这几年越来越多人谈论的福布斯排行榜来作个分析，就更能够看明白其中的道理了。

不得不说，对世界著名企业首先进行排名的《福布斯》杂志是很有商业触觉的。在这个榜设立70年后，《福布斯》来了个"一鱼多吃"算旧账，对先前那些著名的企业进行了调查，然后由麦肯锡的高级人员对调查数据进行了分析，并编纂成书，书名为《创造性破坏：为什么常青基业失败了》。

调查结果显示：1917年的100强在经历了70年的时间后，已经有61个走向了死亡；而在39个幸存者中，仅有18个仍然存在于1987年的排行榜中。但这60年间，这18个公司的股价都降低了20%以上。只有两家企业——GE和柯达在70年间仍然运作良好。但20多年后，柯达也已经从《福布斯》100强中消失了。

　　研究者又很残酷地列举了另外一个事实，那就是标准普尔于1957年评出的世界前500名企业收场也不太好。在不足40年的时间里，500家企业中有426家企业都经营失败，占比80%。在仅存的74家企业中，只有12家企业还有市场竞争力，仅占样本总数的2.4%。

　　《金融时报》上的一篇文章很坦白地说了让不少CXO等企业高管们都心惊胆战的一段话："福布斯和他的麦肯锡同事们收集了美国1000家公司在40年间的经营资料，他们发现没有一家幸存者能够长期地占领市场。调查的时间段越长，情况越糟糕。"

　　没有一家企业敢许诺说自己基业长青，再成功的企业也无法避免遭遇挫折和困难。而能够比别人更长久地占领市场的企业，往往是成功地跨过一个个挫折的企业。换句话说，生命力越顽强的企业，经历的挫折越多。没有犯过错误的企业，也就没有发展的机会。

　　当年，中央电视台节目主持人陈伟鸿采访已经功成名就、被鲜花与光环簇拥的马云时，提了这样一个问题："成功运作阿里巴巴你付出的最大代价是什么？"马云回答说："其实我觉得没有付出很多代价，我反而得到很多经历和挫折。"

　　马云此言不虚，挫折早在阿里巴巴创立之初就来过了。

　　2000年是阿里巴巴扩展海外市场的关键年。1月份，孙正义的2000万美元投资才打到阿里巴巴的账户上，2月份，马云就带团队杀到欧洲。"一个国家一个国家地杀过去。然后再杀到南美，再杀到非洲，9

31

月份再把旗子插到纽约，插到华尔街上去：嘿！我们来了！"这是马云国际化战略的宣言。然而，到9月，华尔街没有看到阿里巴巴的旗帜，却传来阿里巴巴陷入危机的消息。

在此期间，马云将阿里巴巴的总部放在国际大都市——香港，并且招来很多优秀的国际人才。这些人才全是可以被称做"天才"的高级人才，全是出身美国名牌大学的经营专业，单是养活这些人，阿里巴巴就要拿出好大一笔银子——这些高级人才虽然人数最多时候才只有二十几名，但他们的薪水及日常开销，比中国总部200多人的花费还要多。

阿里巴巴快速扩张的结果，的确做到了"墙内开花墙外香"——迅速在国际上赢得知名度，打开了国外市场，而此时，国内很多人还不知道阿里巴巴是一家中国企业呢！然而狂人马云一开始就让阿里巴巴走国际化路线显然是违背市场发展规律的——尽管马云经常做一些违反常规的事，但这一次却让他吃了苦头，也让阿里巴巴付出了巨大的代价：

代价一：在不到一年的时间里，阿里巴巴烧掉了1800多万美元。如果按照这个花钱速度，再有半年多阿里巴巴就要面临因资金枯竭而倒闭的命运。

代价二：太早聘请国际化人才，为阿里巴巴带来太多的负面影响。

人力成本开支过大。硅谷的那些顶尖人才，每个人的薪水都不是小数目。阿里巴巴获得的2500万美元风险投资，一大半都花费在这些高级人才身上了。如果不改变的话，阿里巴巴很快就发不起这些人的工资了。

高级人才并没有人尽其用。他们不熟悉中国市场，加之语言文化的障碍，许多高级人才的能力并没有得到有效的发挥，造成人力资源的浪费。

外籍员工与杭州总部的本地员工冲突严重，收入悬殊的海归PK土鳖，想都想得到是如何惨烈的景象。

总之，高级人才的引进对阿里巴巴来说其实是一种浪费。互联网冬天来临的时候，90%以上的国际化人才离开了阿里巴巴，只有一小部分是自己请辞，大部分都是被阿里巴巴忍痛辞退的。

更惨的是，疯狂烧钱之后，互联网泡沫破灭，很多网络公司都倒闭了，阿里巴巴也到了资金链即将断裂的生死关头。业界分析，阿里巴巴当时的危机，一半是互联网泡沫造成的，一半是决策失误造成的。马云过分追求国际化战略，有些自不量力了。

几年以后，回忆这些往事，马云承认："那时的言论，那时的计划，现在看看都蛮可笑的。"而对于当初拿到的高额投资，他得出了那个著名结论：钱太多了不一定是好事，人有钱才会犯错啊！

有了这番教训，马云才痛定思痛，积极寻求符合本土制胜的方略，这才有了阿里巴巴的今天。

【课堂之外】

你正在过的生活

　　某年某月的某一天，两个年轻人在对的时间对的地点幸福地相遇了，他们一见钟情，坠入情网，然后走入婚姻的殿堂。这段时间内，是生活的蜜月，蜜月的生活。两个人的结合使得他们有了双份的收入，于是结婚之前或者之后，他们决定拿些钱出来购买自己的房子。他们找到了理想的房子并拿出积蓄支付了首付款，接下来他们会使用抵押贷款按月支付房款。他们有了新房子，但结果却应了那句老话——捡双新鞋累了身家。买了房子要装修，要有像样的新家具，于是他们又一家一家地跑家具商店。当然，这一切还多少要归功于那些体贴的商店，他们找了很多美丽的女明星，在电视、报纸、公共汽车上千娇百媚地告诉你，在他们的商店你能够得到你想要的所有奢侈或者不奢侈的东西，而且你可以付尽可能低的首付，并能轻松地支付每月的按揭。

这时候他们很自信，很有动力，因为他们有生以来第一次能够支付得起房屋按揭、能够看到外国频道的有线电视、用一些号称有着异国风情的家具，如果再努力一点的话，还能买一辆车。不过到了月底，便会收到络绎不绝的账单。

生活就跟月亮一样，给人看的一面永远是光明的。朋友们对新房子、新车、新家具和新玩具的赞美是令人陶醉的，而每个月底像北京春天的柳絮一样飞来的账单是令人恐惧的。而且这个沉重的债务一背就是半辈子，很快他们还会迎来这辈子最大的债主——孩子。

这对教育良好、工作努力的普通夫妇在把孩子交给幼儿园之后，必须节省开支，努力工作。工作成为生存必要，否则没有父母资助的话，他们的积蓄支持不了几个月，遇到毕业生大军蜂拥而至的夏天，更是成天笼罩在失业的阴影下。但他们发现已经不能停下来，只能疲于奔命，他们只能心里嘟囔："我再也不能做自己喜欢做的事情了，每个月都有负担。"

这一类年轻人生活模式的主题词是"随大流，过小日子"。

上面这些故事，正活生生地在我们周围不断重复上演着，就像各个电视频道上大同小异的肥皂剧。但是对于所有经历过上学、毕业、找工作，很快开始挣钱和消费的年轻人来说，似乎又是那么顺理成章。只是私下想想，这种生活模式是不是有点像温水煮青蛙？

我只是想提醒大家，在看到听到太多成功人士年轻时候的故事时，你是否有那么一点感触，就像2000多年前楚国问题青年项羽看到当时的超级帝国CEO秦始皇的豪华出行车队时候说的那句话，"彼可取而代之"。

显然，要大家抛下现在的职业，或者一下子拿出太多的现金来创业并不现实。但是不要紧，可以由商业评测开始，你可以先试试自己的商业智商是多少，从事商业运营和组织管理的能力到底怎么样，找找感觉，再来决定自己是否迈开现实生活中的创业之路。

下面是美国创业协会设计的一个创业测试，大家不妨测一测。

下面每题有四个选项，分别为：

A. 经常　　B. 有时　　C. 很少　　D. 从来不

1. 在急需作出决策的时候，你是否在想：再让我考虑一下吧？

2. 你是否为自己的优柔寡断找借口说：是得慎重考虑，怎能轻易下结论呢？

3. 你是否为避免冒犯某个或某几个有相当实力的客户而有意回避一些关键性的问题，甚至表现得曲意奉承呢？

4. 你是否无论遇到什么紧急任务，都先处理你自己的日常琐碎事务呢？

5. 你非得在巨大的压力下才肯承担重任？

6. 你是否无力抵御或预防妨碍你完成重要任务的干扰和危机？

7. 你在决定重要的行动和计划时，常忽视其后果吗？

8. 当你需要作出很可能不得人心的决策时，是否找借口逃避而不敢面对？

9. 你是否总是在晚上才发现有要紧的事没办？

10. 你是否因不愿承担艰巨任务而寻求各种借口？

11. 你是否常来不及躲避或预防困难情形的发生？

12. 你总是拐弯抹角地宣布可能得罪他人的决定？

13. 你喜欢让别人替你做你自己不愿做而又不得不做的事吗？

计分：选A得4分　　选B得3分　　是选C得2分　　选D得1分。

结果：

50分以上说明你的个人素质与创业者相去甚远；

40～49分，说明你不算勤勉，应彻底改变拖沓、低效率的缺点，否则创业只是一句空话；

30～39分，说明你在大多数情形下充满自信，但有时犹豫不决，不过没关系，有时候犹豫也是一种成熟、稳重和深思熟虑的表现；

15～29分，说明你是一个高效率的决策者和管理者，更是一个成功的创业者，你还在等什么呢？

当然，这只是个检测，对结论不必太在意，毕竟一切都在变化，人在变，环境也在变，而且创业的道路上会有很多不可控因素，你就只当是进一步了解和完善自己的一个渠道。

第二章

创业之路从何处起步

刚来公司不到一年的人，千万别给我写战略报告，千万别瞎提阿里发展大计……谁提，谁离开！但你成了三年阿里人后，你讲的话我一定洗耳恭听。

——马云

现在，让我们开始创业之路的第一步，即开始积累你的"第一桶金"。

人类社会，每隔几代人就要经历一次工作生活的大幅度变迁。我们的祖父或者曾祖父辈离开农村，父母告别了一成不变的农业社会进入工厂，然后我们进入白领阶层的新战场——大城市的高楼大厦之中。

今天我们面临的商业环境，无非是上班打工做雇员和创业自己做老板两大类。

与父辈相比，我们幸运地生活在一个充满机会的时代，经过30多年的经济发展，中国这个庞大的经济体的急剧转型，迅速完成了发达国家50年甚至100年所经历的工业化进程。曾几何时，不论一尺布，还是一斤肉，都要限量供应。一转眼，中国便从一个生活物资匮乏的国家，成为产品供应过剩、市场竞争充分的新生市场。

这个奇迹，创造了大量创业赚钱的机会。一些人很好地抓住了市场机遇，从无到有，通过自身努力开创了自己的企业领地。中国一时成为白手起家者的乐园。屌丝逆袭，变身高帅富的故事不少，大家都能找到自己的学习目标乃至创业偶像。

这个时代，在本土互联网英雄马云、丁磊等白手起家的创业神话的激励下，越来越多的年轻人希望自己做老板，希望在商海一展身手，而不只是为别人打工。

然而，除了美好理想之外，真正要开始创业，我们还需要对市场有多少了解？还需要什么资源？还有多少微妙与险恶之处潜伏在商旅途中？

每个人的一生或多或少都当过职员，怎么样利用好这一段给人打工的时期，为自己奠定未来的创业基础，其中大有学问。

第一节

当不好士兵，别想当将军

近几年，几百万大学毕业生涌入就业市场，官方公布的失业率，也处在一个历史的高位。很多年轻人面临着相当不如意的就业条件，一毕业就失业。在这种情况下，我们能怎么办？

每一个人都要想清楚，自己从校园到社会，一定会有理想破灭的过程。一旦碰到这样的情形，不要悲观，不要怨天尤人，心理上一定要调整好。从另外的角度来讲，对于你所选择的企业，一定要有充分的信心，对自己也要有充分的信心。既不能过分地乐观，也不能过分地悲观，要清楚无论是社会还是企业，跟学校、跟家庭之间是有很大差距的。

需要提醒大家的是，一定要在公司里找准自己可以做的事情，而且要做得好，做得漂亮。最起码要比你的前任要好半点。同样的工作，前面已经有人在做了，你现在还做同样的工作，一定是有一个比较的；如果跟你的前任一样水准，就体现不出你为企业增加的价值。其实要为企业增值，有时候你可以只问耕耘，不问收获，埋头扎扎实实做一些适合自己做的、前任没有做的事情。当然也有可能开始任职的地方就是不容易出成绩的，那么，更加需要你另辟蹊径。每个人都有自己的特长、优点和不足，新雇员一定要想明白自己长处在哪里，如何扬长避短，做出成绩。这样很快就会有人注意到你，这才能奠定你在公司职业发展的基石。

无论在哪个公司起步，切记不可眼高手低。马云一直对MBA有意见，他说："大家可以想想，今天全世界这么多商业网站里，由纯MBA团队建立起来的公司并不多。不想当将军的士兵不是好士兵，但是做不好士兵的人永远当不了将军。"

当年，马云从师范学院毕业的时候，与他的大学校长口头约定——在分配的学校做老师做满五年。当时，马云没想太多就痛快地答应了，可是当他开始工作，而每月工资只有八九十块钱的时候，他有些后悔。那时候，改革开放的深圳月薪已高达一两千元，遍地都是发财的机会，看着身边的同学朋友纷纷出去淘金，马云有些按捺不住，但苦于与校长的约定，他只好继续做教师，这一做就是六年。

后来，马云在回忆这段经历的时候说，在学校教书的那几年经历，让他收获很多，尤其懂得了什么叫不浮躁，一步一个脚印才能走出好的路来。以至于，马云后来选择创业伙伴和员工时都喜欢能"沉得下去"的人。

被外界视为阿里巴巴 "二号人物"的彭蕾，担任阿里巴巴集团CFO，兼任支付宝CEO等核心职务。她当年跟随马云从杭州北上北京挤公寓，中国黄页项目失败后，继续跟随马云转战回杭州的时候，哪里会想到，今天的阿里巴巴会发展得如此好，自己会取得如此成就。这里面有命运的外部因素，但是更多是靠她自己的努力。

彭蕾1994年毕业于浙江工商大学杭州商学院，毕业后在大学里做了几年教师，后来因为偶然的机会成了马云创业团队中的一员。

1997年的冬天，放弃安逸生活的彭蕾跟着马云到北京，一大群人住在劲松桥附近的公寓里，过起了集体生活。"我的几个女同学来看我，她们有的在德勤工作，有的在IBM工作，一到我们住的公寓里，都露出同情的目光。等她们见到马云的时候，就更崩溃了，我知道她们肯定在想，你怎么跟了这样一个老大？"彭蕾回忆说。

北京创业失败后，彭蕾跟着马云回到杭州，创建了一家新公司，取名阿里巴巴。18个人就租住在附近的农民房里，开始在湖畔花园一套三居室的房间里工作。创业之初因为人少事情多，很多时候，他们根本就是在办公室里打地铺凑合过夜，而每个月拿到手的工资也只有500元。就在北京的那些互联网企业拿着风险投资给员工发高额薪水，满大街打广告造势，梦想着眼球能够带来经济效益的时候，这个网站在1999年大部分的时间里都处于一种对外封闭的状态。没有广告，没有宣传，员工们窝在三居室里工作，每天最主要的工作就是：一些人到其他网站上去"偷"offer，一些人将这些信息审核处理——也就是他们说的"批"offer，然后再发布到网上去。后来，彭蕾还专门写文章回忆那段日子，她记得有一位新来的同事不熟悉业务，把他们辛苦"偷"来的一百多个offer都给删掉了，发现之后心痛得不行，急得都快哭了。

创业注定是艰辛的，但是那个时候，彭蕾觉得很快乐，她说："物质的东西不重要，重要的是我们那个团队在一起，很快乐。大家的价值观很一致，做起事情来都是向着同一个目标在努力。年轻的时候，吃得差一点、住得差一点，又算得了什么？"

彭蕾说自己从来没有大志向，是小富即安的江南女子，当初对马云说的创建伟大的公司有些迷茫，只是觉得和大家一起做事很开心。

如今，经过10多年的磨炼，当初那个有着简单追求的女孩已经独当好几面，在阿里巴巴团队里扮演着极为重要的角色。

时代不一样了，比起以前，机会多得多了，但是，在机会来临之前打好基础，还是需要经过一段枯燥单调的积累阶段。

当然，给老板打工之余，不能忘记自己的决心和希望，要利用好职业老鸟们用血汗、青春换来的经验。职业生涯之初，尝试各种可能性，观察随之而来的反应，即你的感受、市场价值和你的长处。这是检验哪种工作最适合你的唯一办法。

对很多职位而言，尤其在数字化经济时代，工作"称职"与否很难有一个客观标准。如果你自己和合作团队中的同事都认为你称职，那你就是称职的。所以，要想不断增强自己的能力，提升个人的公信力，最好的方式是在自己周围建立一个精英圈，与他们同思考、共成长。你信赖的人对你的工作有所反馈时，更要认真倾听。

好上司胜过好导师

这不是畅销书的标题，而是笔者了解的太多企业家们的心得。都说怕入错行，但是实际上，对于一脸青涩的社会新人来说，很多时候，还没有能力去分析判断自己合适哪个职业，那就不如务实地选择一个能够对你的职业生涯有促进的上司。

猜忌心重的上司不会给你发展的机会，太过随和的上司不会促你提高，所以一定要择良木而栖。

有个国际半导体公司的副总，30年后还很清晰地记得，16岁，他第一次做剧院看门人的时候，他的第一位上司无声地教给他工作的基本道理：要诚实。那是一位性格乖僻的女管家，她聘用看门人的工资标准是每小时45美分，但第一次给雇员发工资时，她总是按每小时50美分发放。如果你告诉她"发错了"，她就会继续聘用你，而且以后的薪水会仍按每小时50美分发。如果你隐而不报，就会失去这份工作。

这是30年前的做法。但是，这种思路依然是今天不变的定理之一。

丁长峰现在是万科集团执行副总裁，也是万科华北地区负责人。他在万科任职已经20年，从满腔热情的年轻学子，做到了驾轻就熟的经理人，30岁就成为上海万科的董事长，与万科共同成长。和众多出身草莽、身世复杂的房地产大亨相比，讲求品位、追求卓越的丁长峰的成长故事更加有借鉴性。

丁长峰曾经多次回忆起那个下午——在1992年差不多八九月份的时候，他收到了北京大学同室室友的一封信。这位同学在信中说，他现在在深圳，在一家叫做万科的公司工作，那时候大家都不知道万科，只知道有搞VCD的先科。同学说他现在的这个老板有多么好，有多么出色，他讲的就是王石。然后同学在信里面说这么好的公司你快来看看吧。看了这封信之后，在盐城党校任职的丁长峰想了想，就决定去深圳。他去的时候没敢告诉父母，因为怕父母不同意，他就跟父母说："单位让我去南京出差，大概要一周时间。"当时他也没什么钱，就跟妹妹借了1000元钱路费，悄悄地走了。

今天，他已被看作是王石打造的万科职业经理人第二梯队中的重要成员。丁长峰说："当年王石在培养我们这些年轻人方面可以用'呕心沥血'这四个字来形容，基本上当年公司高级管理层的所有会议，我们全部都可以参加，这个过程，事实上也是在学习如何去营运一个企业，你需要去了解企业的运行本质，特别对于大学毕业生来讲，这是非常好的观摩学习的过程。"

不过，成功不是这么简单的，他的真正考验还在后面。

在万科的"机关刊物"《万科周刊》工作了三年之后，丁长峰被派去东北，在万科东北的一家分公司当副总。年轻又带着一点自负的他，初到那边遇到了几个问题。首先是遇到了一个与王石迥然不同的上司。王石的包容性很强，他给职员的自由度非常大，但这回丁长峰碰到的上司是从政府出来的老公务员，非常沉稳，无论对人还是处理事情都可以用"滴水不漏"来形容，所以丁长峰需要调整自己去适应他。

多年之后，丁长峰的职位经过数次攀升，已经比他曾经的许多上司高了很多，但是，他还是很感谢这些上司的帮助。他很认真地建议后辈们说："我觉得确实要学会跟你的上司相处，和不同的上司相处，他们能教会你很多东西。"

马云也有类似的观点："你不管怎么讨厌老板，我告诉你，你将来要当一个好老板，你先要适应各种各样的老板。很倒霉，老板有时候不能换，就像爹妈不能换一样。"

谈到员工追随上司的话题，阿里巴巴的团队也颇具代表性。众所周知，阿里巴巴创立之初只有18个人，而如今，阿里巴巴的高层虽然有过变动，但当初的18个人齐心协力发展到今天，没有出现叛徒，没有出现分裂，即使有人离开也是公开透明的。他们创造了团队合作时间的历史。有人统计，在中国20多年的民企发展历史上，合伙人最终因为经济利益而分道扬镳的事情太多了，很多红极一时的企业不是败在内耗上，而是败在原始团队的分裂、企业力量的分化上。马云的团队，多达十几个人，却始终齐心协力，同舟共济。

阿里巴巴刚成立的时候，身为老板的马云就放出话来："我许诺的是没有工资，没有房子，只有地铺，只有一天12个小时的苦活。"跟他一起创业的员工，过着朝九晚九的工作，每天工作12个小时。这还只是清闲的状态。有些员工，每天工作时间达16个小时之多，加班、长时间加班是常事，忙到夜里一两点也正常。

当时，客服部的编辑们，每个人都用自己的邮箱处理客户的邮件。各行各业的客户，形形色色的问题，处理起来工作量是很大的。不处理完这些信件，就不下班，简直到了痴迷的程度。而在网络另一端，晚上一两点还能收到回复邮件的客户还以为自己的时间错了呢！

其实，员工们不但工作艰苦，生活也很艰苦。马云说的是没有工资，实际上不全对，其实每人每月有500元的工资。可这500元是怎么发的呢？所有员工凑了钱，作为公司的原始启动资金，然后从这个共同经费中领500元——说白了，员工是自己给自己发工资，免费给阿里巴巴打工。

为什么在如此境况下，这些员工还心甘情愿地跟随马云？

在他们眼中，马云是个值得跟随的上司。阿里巴巴一位高管说过：我们之所以愿意拼命工作，是因为我们相信马云，他从来没有让我们失望过。他所决定要办的每一件事，在人们看来无论多么疯狂、多么不可思议，最终都会实现。

有位极度消沉的小白领，进入阿里巴巴之后不到三个月，工作态度焕然一新，连说话语气都铿锵有力："请不要再和我提自杀那些愚蠢的话题，我正在为中国的电子商务作贡献。"——尽管此时他的薪水每月只有3000元左右。

同时发生变化的还有阿里巴巴员工的妻子们。据说，有一个妻子整天抱怨丈夫陪伴自己时间太短，对工作太过拼命对自己不够体贴，去阿里巴巴公司视察了一圈之后，一改之前的态度，鼓励丈夫道："加油干吧，以后就靠你了。"甚至有一名员工的妻子在阿里巴巴大会上走上主席台，对下面的员工说："我想感谢你们，我很荣幸将丈夫交给了阿里。"

在阿里巴巴内部，马云的激情、坚持和胸襟，每个员工都能看到和感觉到，进而备受影响。当你遇到这样一位优秀的上司，你的工作和人生多多少少会因此而改变。从某种程度上说，一个好上司不但能影响你的职业生涯，也会在你未来的人生中产生积极的影响。

有人说，阿里巴巴这是洗脑，马云这是在造神。但是多想一层，你就能明白，这种抱怨其实价值不大。对于一个新生公司来说，如果不能统一价值观、上下同心，怎么可能赶上、超过其他巨型公司？更何况，马云的气场不是一般的大。杭州黄龙体育场10万人的晚会上，他的一番话先是说得大家鸦雀无声，而到高潮收尾处，又能引发全场激情澎湃。在笔者20年的媒体与商业生涯之中，见过的各种成名商人不下一两百人，而马云这种魅力十足的中国企业家，是头一个，让人不得不服气。而且马云的话，大多数时候都是铿锵有力充满着正能量。

找个地方，踏踏实实"学生意"

前几年热播的电视纪录片《晋商》，提到了一个名词——"学生意"。

原来，中国历史上赫赫有名的晋商一族能够传承下来，而且开枝散叶遍布宇内，很大程度上得益于培养了一代代商人，使得商业传统不坠。而培养下一代的商人，则是通过一种比较刻板乃至艰苦的方式，那就是"学生意"。

这些"学生意"的年轻人往往只有十几岁，有的来自于农家，也有大户人家的子弟，首先要经历颇为严格的笔试筛选，然后是面试，那些家族里面有健康问题或者个人给东家印象不好的都会落选，和现在的考研差不多。这些小伙计学习生意，少则三年五载，多则九年十年。而且，学习商业知识期间，住得远的小伙计，还长年不能返乡。

学习生意的过程中，做人诚信可靠等是基本要求，在此基础上，没有薪酬，只是东家管饭，而年轻人每天除了必不可少的打扫等体力劳作之外，还要学习打算盘、书法、财务等实用知识。"十年辛苦考状元，十年学商倍艰辛"这句话，非常形象地说出了当时年轻人学习商业知识发掘商业智慧的艰难。

在漫长的历史年代之中，学商就是一种颇为需要毅力和时间的修行。这样的学习和培养商人的体制，也被事实证明是非常有效的。很多小伙计就是通过这样的路径，逐步摸索积累，最后成为了大掌柜。

由师傅带徒弟式的口心相传到现代的商学院教育，其形式和效率相去太远。但是，年轻人通过学习，使自己由一个自然人，一个普通劳动力成长为职业商人、乃至拥有和支配巨额资产的大企业家，这个方式的本质没有改变。不同的是，今天的我们，学习商业操作积累商业智慧，有更多更灵活和成本更低的方法可以选择。

曾经的理想道路

"选择在一所名牌学校获得MBA学位，然后找一份迅速通往大公司顶层的工作。"这曾经是北美流行的个人奋斗的模式。而在国内，这一度衍化为另外一个浪漫的职业童话：

一个年轻人，大学二三年级开始上新东方学校，狂K英语，四年级或者研究生的第一学期通过GMAT或者GRE，暑假期间，尽量找大的国际公司实习，毕业后尽快找一个外资公司，做市场或者销售工作，同时申请美国名校的MBA，毕业后加入麦肯锡或者罗兰贝格一类的咨询公司，业务最好是和中国有关。这样，两三年后，这个年轻人就可以回国或者跳槽去他们服务的客户公司，然后再积累一些关系，再过一两年，开始建立自己的公司。很多在校的大学生都相信通过这种职业童话，他们就能顺理成章地开公司、赚大钱。

这样的个人速成致富模式，在2000年前后一度有着微弱的可能性。但是，随着海归队伍的日益庞大以及咨询公司在中国的"臭大街"，这种理想的小镇青年知识致富的路子，已经变得相当不稳定。因为，这是需要主角在其中每一步都能够做到最优选择下才成立的发达之路，它和现在热辣辣的中国经济增长和宏观调控共存的环境已经有很多的不适应。

从技术上讲，MBA学位很重要，因为它可以让你学到会计学的基础知识，熟悉大公司运作的各种流程，知道财务数字与企业系统的关系。然而，拥有MBA学位并不意味着一个人就一定有能力经营好各种系统，而这些系统恰恰是构成一个完整的企业系统所不可或缺的部分。所以，与其挖空心思去走学好英文做国际大牌咨询顾问然后开公司这条"前途未卜"的路，还不如认真选择一家能够让年轻人不断学习、积累的公司，例如大的跨国公司或者国内公司——首选阿里巴巴，其次如万科、海尔、华为、腾讯等大踏步前进的公司。这些企业会有意识地培养你，给你非常多的空间和发挥的余地，这一点是非常重要的。

规划什么？不规划什么？

要学习一个大企业拥有的所有系统，你需要在企业中花费10到15年的时间了解这个企业的各个不同方面。然后，年轻人应该准备好离开，并开始开办自己的企业。为一个成功的大企业工作就好比有人出钱给你上课。但是即使有了导师和几年的经验，你仍要付出大量的劳动。在付出这些时，你的真正商业能力和基本队伍也在逐步形成之中。

台积电的董事长张忠谋，曾经被误解为不赞成年轻人要有"职业规划"。他对此有过深入的阐述："我是说过这句话，但我的意思并不是你对整体的生涯不要有规划，我指的是不要有细部的规划，尤其是名利方面的细部规划，那对人是有害的。"

什么是细部规划？那就是很多充满了煽情细节的励志文章常提到的：在30岁以前要达到什么样的薪水水准，要赚到多少财富；或是说在30岁以前要做到副总，40岁以前要怎么样，50岁又如何。

"整体规划，我自己也有，就是活到老工作到老。从事什么领域、什么行业，也是整体的规划。不一定在中学或大学的时候就得做规划，这个规划也不是不变的，但我觉得要有准备。比方说，要从事理工方面的行业或是预备做管理领域的工作，这是属于整体的规划。

我所反对的是对自己的升迁、自己的财富订出时间表的细部规划。"

"生涯规划"先是在美国开始，30年前风行一时。美国出来的MBA，好像每个人都有自己的细部规划。尤其开同学会时，回到母校，就和同学比来比去，比生涯规划，问你达到你的目标了吗？赚到多少钱了？做到副总裁的位置了吗？

张忠谋发现，很多人从同学会回来后，好几天都不高兴，因为他的同学已经做到一定程度，而他还没有达到；或是他们在学校自诩很高，却没有达到自己当年设定的目标，40岁还没做到副总裁，"这不但使他很不快乐，也可能对他有害，有时候换轨道之后更不好"。张忠谋提醒，"以我个人的经验，从来没有细部的规划，既没有打算什么时候要从专业工程师转到管理，也没有规划什么时候要从副总做到总经理。我也从来没有规划多少岁的时候要有多少钱、多少收入。"

丁长峰虽然并非MBA一族，但是，对许多刚刚加盟公司的年轻人，同样建议他们每个人应该给自己一个明确的中长期目标，而不是短期的目标，"因为很多的年轻人来了公司之后，非常想改造这个世界，他们有很多的意见、很多的问题，就像我们公司，他们会对公司的营运提出非常多的意见，但你要问他说，解决的方法是什么呢？可能他说不出来。所以我觉得每个人应该给自己一个中长期的目标，短期先做好分配给你的工作。"

马云曾亲自写过一封信给新员工。他说，对于年轻人的浮躁和做事说话的态度表示理解，而且新员工可以有不同的观点，但前提是完善好自己的工作，用务实的方式为社会创造价值。对于新员工喜欢给公司提意见，马云说："刚来公司不到一年的人，千万别给我写战略报告，千万别瞎提阿里发展大计……谁提，谁离开！但你成了阿里人三年后，你讲的话我一定洗耳恭听。我们喜欢小建议小完善……我们感谢你的每一个小小的完善行动。"

对于新员工在阿里的成长发展，他还提出了"看，信，思考，行动，分享"五步走建议。"看"是指从看和观察中学习了解阿里；"信"是指问自己信不信这家公司的人、使命、价值观；"思考"是指考虑如何做好一个优秀的员工；"行动"是指坚持按道理办事；"分享"则是指跟同事分享心得。

你离中产阶层还有多远

　　身为一个现代人，衣食住行，从物质到精神，无一不和钱有关，大多数人都是需要金钱和看重财富的。

　　事实上，整日忙忙碌碌的你有必要检视一下你的生活成本和收入期待，这样，你才能知道自己现在离富人有多远，过上理想生活还需要多少钱。

　　首先，我们取一个富人的下限，也就是通常意义上的中产阶级来分析。

　　在美国，一个中产阶层人士年收入5万美元以上，3年换一部新车，有分期付款的房子，且已付完其中的30%。

　　中国的中产阶层，以北京为例，江湖流传，这一群人偶尔约在一个中高档夜生活场所，他们偶尔会花1000元买一瓶人头马XO，偶尔会为一次卡拉OK或保龄球聚会花费1500元以上；最经常玩的娱乐项目是看电影；对银行服务重视不够，身边常带大笔现金。

2001年，香港媒体曾报道由美国研究顾问公司Runzheimer International公布的一项调查，以住房、交通费及娱乐费等作为基准，依据一个年薪10万美元的三口之家在美国底特律的生活开支，比较了全球22个城市的生活指数。

调查结果发现，在美国底特律，类似这样的中产家庭每年的生活费约54万港元。但若在其他城市过上相近质量的生活，最昂贵的城市是韩国的汉城，生活费每年高达130多万港元，而中国香港以106万港元位居全球第三，中国北京排全球第8位，约78万港元，生活费最便宜的是南非的约翰内斯堡，中产家庭每年的生活费约37万港元。

"中产阶层"，在美国指的是家庭年收入2.5万至10万美金的社会主流阶层。这个阶层占了美国总人口的80%，"大众"几乎就是这个阶层的代名词。而那次调查用的是收入最高值，算出来的费用自然就高。

2010年，亚洲开发银行发布了一项调查，将每天消费2~20美元的群体定义为中产阶级，而以此标准衡量，中国的中产阶级人数达8亿，位居亚洲国家之首。

有意思的是，很多白领高喊自己被中产，如果以每天消费2美元为标准，这个中产未免太廉价了。也有人抱怨，如果按收入衡量，自己算中产，但为什么总觉得自己穷，享受不到中产生活呢？

其实早就有许多社会学家对按收入划分的结果不满意，因为太含糊，对社会研究没什么帮助，于是专家们很贴心地为那些一年没有办法花得起几十万港币的北京人设计了上中产阶层、下中产阶层、蓝领中产阶层、白领中产阶层等名目，让大家都能找到一点中产的感觉。

中产阶层这个概念在当代，早已经由一个分层概念演变为一个社会学和通俗文化意义上的标签，套个滥俗的句式，中产就是一种生活方式。

就像人人都在说现在的商业社会没有免费午餐一样，大众越来越意识到每种生活方式都需要相应的成本收益，小资这种活法要算账，先天就是和钱密不可分的中产阶层生活尤甚。

根据国际惯例，成熟的中产生活是这个样子的：

住在郊区，有一幢（分期付款方式买的）两间到四间卧室的房子、两三个孩子、一条狗、两部汽车（一部日本的、一部美国的，也是分期付款方式买的），门前有修剪得很整齐的草坪，丈夫每天辛勤工作，妻子在家带孩子做家务，发了工资之后写至少15张支票付账单（房款、车款、水费、电费、煤气费、电话费、有线电视费、分期付款的大件商品、5张信用卡的账单、孩子牙医的账单、医疗和人寿保险，也许还有看心理医生的账单，等等），平时每天看电视脱口秀，周末租借几张DVD，看的时候喝可口可乐、吃爆米花，每年圣诞节扎圣诞树，妻子和丈夫是不是都在发胖笔者就不知道了。

根据中国的国情，任何东西的引进都要有个本土化的过程，因此可以把上面这一典型场景进行"汉化"如下，同时计算出相应成本：

"我们中国人自己的"中产家庭最大的投入是在市区外围或者城乡结合部（典型如广州的洛溪桥以南和北京的五环之外的回龙观或者通州地域）买一幢两居或者三居的房子，面积50～150平方米不等，取决于各人收入情况，但是核心一定是分期付款。

目前此类房产价格由15 000元/平方米到30 000元/平方米不等，取一个较低值，就是一般首付30万～60万元，每月还款2000元～7500元，若前面加上一个期限的话，往往是20年。

小区多少是有绿地的，就是面积都不大。还好，只需要付物业管理费，每平方米1～3元不等。

必须指出的是，中国的中产者常常和小资以及公务员等角色混淆，难以区别，是否拥有自己名下的房产乃是一个硬指标。讲究情调的小资可能也会买房子，但是一个没有自己房子的小资，无论如何是升级不到中产阶层行列的。

至于另外一项——汽车，在国内尚算不得必需品，而且购买标准弹性较大。从用车上，据说内地的上等中产偏爱的是进口汽车或者国产汽车如奥迪A6、帕萨特B5，价格一般在30万元以上，中等中产则多选择国产车中的广州本田、别克、宝来、桑塔纳2000等，价格一般在16~30万元，其中，南方中产更偏爱上海大众和广州本田的系列车型。国产车中的老三样桑塔纳、捷达、富康则是下等中产和部分中等中产的实惠选择，当然，一些经济条件较差的人，也有选择奥拓、夏利、吉利、羚羊等车型的。平均下来，计算买车折旧以及养车成本的话，每月花销在1000~5000元不等。也就是说，这项支出也是海鲜价，时时变化。

中产阶层的成本支出大项还包括社交应酬和包装成本。在流行的舆论之中，中产阶级的生活是要"与轿车、名表、名酒、化妆品、时装、保龄球、高尔夫、酒吧、精品屋、舞厅、美容院、白领杂志为伴"。因此中产们感慨"讲品位是很累人的"，但过生活"又不能不讲点品位"。

一个两口人的中产家庭综合计算：

每月化妆品支出为1000~3000元（视家庭经济收入多少以及丈夫对于妻子的服从程度而定）。

每月时装购置支出为1000~5000元（视双方对流行时尚的敏感程度以及是否有儿女及儿女年龄大小而定）。

每月休闲活动500~3000元（取决于办公室同事对户外活动的热衷程度和住地花园有多少活动场地，也取决于女方的体重短期内增加之数字以及楼下美容院老板娘开价多寡）。

饮食吃喝每月花销为1500~5000元（最低值为每天两瓶牛奶、两杯咖啡，每周一次酒吧，穿插哈根达斯、巧克力、零食加上两顿盒饭计算而来，高数值主要是增加了西餐次数和到城中热点酒楼食肆消费部分）。

影视阅读每月花销200~500元（此项包括每月去看最新电影、购买时尚生活类杂志之刚性成本，也包括种种渠道获得的廉价影音产品）。

电信交通每月支出500~1000元（中产者在办公室以及家庭时间较多，也不喜欢发短信，上网和手机费用相应较低，但是由于工作辛劳休闲时间少，交通费用较多）。

医疗保险每月投入600~1500元（中产者最大特点之一是瞻前顾后，控制生活中各类风险，因此该项投入切不可省，唯国内之保险业良莠不齐，故此要购买合适之品种甚为艰难）。教育进修每月300元至1000元（中产者希望循序渐进提高社会地位，对在职培训和自学教育往往不惜血本，最低值是取最简单的电脑和外语培训费用，而最高值是攻读形形色色的MBA学位等镀金课程之费用）。

其他费用摊销每月1000~2000元（此项费用每月非固定但是年度常有，如旅行费用、家具购置、红白两事人情支出以及孝敬双方父母等）。

男女非常费用由1元到无限（此项费用最难衡量，不管是男方讨好女方，还是女生取悦男生，都需要大量的现金投入以营造浪漫气氛，小至一束花，大到钻石和汽车，具体个案支出无法统一。要而言之，视双方受琼瑶小说或者好莱坞大片的中毒程度而定）。

综上所述，在国内要过上中产生活，菜鸟级的中产需要家庭双方月入10 000元，熟练级中产为月入20 000元，骨灰级中产是40 000元左右。至于骨灰级中产，则不取决于收入，而取决于心态了。

第三章

创业年代的非常道

　　职业经理人和领导的区别是什么？职业经理人首先是衣服穿得好，会讲洋话。我们把职业经理人称为正规军战士，衣服很好，枪很好。我们领导者往往是农民起义军、游击队，国民党就是被这些人打掉的。上山打老虎的时候，一只野猪进来，野猪在跑动，经理人往往一枪打死它，如果没有打死，野猪冲上来的时候，职业经理人丢枪逃跑了，我们的农民把刀拿出来劈下去，用刀也把野猪搞死了，这个就是区别。

——马云

国企之外的企业家，也就是现在受到鲜花和闪光灯包围的成功人士们，基本上没有一个像美国大片《阿甘正传》里面的男主角那样一帆风顺的，相反，他们绝大多数在中国的艰难商业环境之中备尝艰辛。

　　年轻人如何去获取第一桶金？怎么样培养自己身上的创业基因？

　　《阿甘正传》里最经典的一句话是阿甘的妈妈说的，"人生就像一盒巧克力，你不知道会遇到哪一块"。阿甘前半辈子吃的那块巧克力有点苦。他傻乎乎地上战场，打乒乓球，在总统面前露了一把脸，蓄上大胡子长跑，虽然也蛮轰动地招揽了一些fans，但毕竟就像是在网络上泡BBS一样，混了个脸熟，没什么实际收益。时间到了，阿甘的巧克力开始变甜，拜那场大风暴所赐，自从打上了满满一船的鱼虾螃蟹后，阿甘的生意路就走上了一条康庄大道。每次在银幕上听到阿甘说他投资了一家"水果公司"，似乎赚了不少钱的时候，银幕下无数颗心立刻就碎了，牙都咬碎了，眼都红爆了。因为应声在银幕上出现的这家公司的LOGO，就是那个著名的被咬了一口的苹果啊！买到这样公司的原始股，就意味着是几十倍上百倍的收益！这个故事甚是激动人心，不过话说回来，实际生活可没这么美好，我们在上一节说了，每一个成功者背后，可能有不止一个令人肝肠寸断的发迹故事。

每一本经营管理书籍和大多数的财经杂志上隔三差五就会提到，要成功打造一份能够持续经营的常青基业，大致需要的个人元素，有如下这些：

创业者要有创业激情和领导才华，这是最基本的要求，就像一台PC需要有键盘和鼠标一样。其次的要求会比较高，你还得具有使团队创造出比独立个人加起来更大、更高价值的能力；再进一步，创业者需要为企业设立一个具有挑战性但又可行的远景目标；他必须能凝聚和激励一群杰出的、承担主要责任的团队；他应该给予团队足够的空间去发挥才能；他必须让自己企业所提供的产品和服务满足市场和社会的某种特定需求，并成功地在客户心目中形成物超所值的印象；他必须保证企业与员工之间的相互协同，足以使自己的产品和服务明显地优于客户可以选择的其他产品和服务。

这么严格的要求，是不是听上去都有点头大？

显然，要缔造一个或者一批成功而卓越的企业绝对是一项复杂而艰辛又充满麻辣刺激感的工作。

最难的是第一桶金

创业的话题非常热，被谈及的频率可能和买房或者买彩票一样多。让我们先来理智地看看，创业的过程中，难度都在哪些环节。

最难的是第一桶金

这个世界上想发达的人千千万万，但含着金钥匙出生的又能有几个？李泽楷如果不是李嘉诚的儿子，搞不好他这会儿正在动物园批发市场开一间小店卖服装呢，哪来的钱搞他的盈科集团投资数码港这样的无敌海景房地产项目？所以他的发家史不如刘永好的奋斗史有学习价值，盈科的资本市场故事不如卖养猪饲料有研究意义。简单地说，我们没有金钥匙，但我们要有第一桶金。

第一桶金不是万能的，但没有第一桶金就万万不行。第一桶金之所以宝贵，也在于它获取之困难，其困难在于两方面：其一，企业若能完成原始资本积累，就说明企业的业务模式和运营系统已经经过市场检验，开始迈向成熟了，要达到这一境界相当不容易。其二，在缺乏充足资本支撑的情况下，企业的发展会举步维艰，因为这要求企业在方方面面都要做得非常优秀。

许多白手起家的创业成功者都曾或多或少地依赖婚姻、家族所带来的一些特殊资源。这一条是政界百试不爽的法宝，用在商界也是一样。说得好听一点，就是善用身边资源是快速成功的捷径，因此，就算娶不到富家女，也要娶一个勤快女。

在这个年代，创业者的传奇比任何时候都更加吸引眼球和热情。讨论分析创业者们发展历程的时候，往往都能找到惊心动魄的戏剧化情节。对于旁观者来说，有必要深入到这些细节后面，才能够真正把握住成功的节奏。当然，没有人能够知道，哪一种成功能够克隆，所以我们才更需要对那些虚虚实实的成功经验作出透彻的解读。

在美国，创业是企业管理中的一个学科，设有学士和硕士学位，这说明白手起家是一门科学，是可以通过有效的规划和训练提高成功率的。以下是一些白手起家的企业家总结的创业要略，或能对你有所启发。

卖米卖得比所有人都好

台湾老一辈企业家王永庆，年少时候因家贫读不起书，只好去做买卖。1932年，16岁的王永庆从老家来到台湾嘉义开了一家米店。当时，小小的嘉义已有米店近30家，竞争非常激烈。当时仅有200元资金的王永庆，只能在一条偏僻的巷子里承租一个很小的铺面。他的米店开办最晚、规模最小，更谈不上知名度，没有任何优势。在新开张的那段日子里，生意冷冷清清，门可罗雀。

老字号的米店占据了周围大部分市场，王永庆的米店因规模小、资金少，没法做大宗买卖。而专门搞零售呢？那些位置好的老字号米店在经营批发的同时，也兼做零售，没有人愿意到他这偏僻的米店买货。王永庆曾背着米挨家挨户去推销，但效果并不太好。

怎样才能打开销路呢？王永庆觉得要想在市场上立足，自己就必须有一些别人没做到或做不到的优势才行。仔细思考之后，王永庆很快从提高米的质量和服务上找到了突破口。

20世纪30年代的台湾，农村还处在手工作业状态，稻谷收割与加工的技术很落后，稻谷收割后都是铺放在马路上晒干，然后脱粒（砂子、小石子之类的杂物很容易掺杂在里面）。大家在做米饭之前，都要经过好几道淘米的程序，很不方便，但买卖双方对此都习以为常，见怪不怪。

王永庆却从这一司空见惯的现象中找到了切入点。他带领两个弟弟一齐动手，一点一点地将夹杂在米里的秕糠、砂石之类的杂物捡出来，然后再出售。这样，王永庆米店卖的米的质量就要高一个档次，因而深受顾客好评，米店的生意也日渐红火起来。

王永庆的做法，是典型小公司创业办法，就是在基本相同的服务之中，寻找差异性，提供增值服务，从而增强自身的竞争力，直到成功。

1000美元的大用场

1980年的某一天，刚满19岁、大学还没有上完的美国青年戴尔靠卖电脑配件赚到了1000美元。他在日记中写道，用这1000美元可以：一是搞一次不为世人所知的酒会；二是买一辆二手福特轿车；三是成立一家电脑销售公司。而他选择了第三种。

第二天，戴尔用这1000美元注册了公司，开始代销IBM电脑。一年后，他开始组装电脑，并推出了自己的品牌。由于可以采纳世界上各家电脑公司的配件，满足各个档次的用户的需要，戴尔电脑很快成为热销品牌。他把直销模式发挥到了极致，成就了一段电脑行业的传奇。

很多的时候，我们并不缺那1000美元，缺少的是创业的决心和信心。

大部分成功人士都是在别人认为"那是在做梦"的情况下，勇敢地迈出了创业的第一步。无论是退学去鼓捣视窗软件的比尔·盖茨，还是发现门户网站背后商机的张朝阳；无论是辞掉公职去乡下搞养殖的刘永好兄弟，还是弃官不做借5万元办起用友软件的王文京，他们都是在条件根本不具备的情况下，迈出了创业的步子。一切的"不足"，都会随着时间的推移而逐渐变为"具备"，唯有创业的勇气和机遇要靠自己把握。

马云的第一桶金

马云，没有李泽楷一样显赫的家世，也没娶到一位富家女，早期只是普普通通的大学英语老师。他在课余时间创建了一家翻译社，由于没有资金支撑，他不得不靠倒腾小商品倒贴钱来维持翻译社的生意。那段时间，马云一个人背着装满小商品的大麻袋，冒着酷暑，从义乌、广州回杭州推销，其辛苦与心酸，可想而知。

对于一个有想法、有梦想，但没有资金的创业者来说，钱的意义非同寻常，况且互联网是一个烧钱的行业，卓越网、京东商城等众多电商至今没有赢利，很多互联网企业倒闭的原因就是资金链断裂。

创立初期，对阿里巴巴来说，最困难的事也是钱。和其他互联网公司财大气粗不同，阿里巴巴的启动资金只有50万元，没多长时间公司的账上就没钱了。尽管钱很重要，但马云对投资人的要求一点儿没有降低，后来被人津津乐道的是当时马云一连拒绝了38个投资人，有一些是因为对阿里巴巴未来价值的估计与马云不能达成一致，也有一些是因为马云认为这些钱不能给阿里巴巴带来马云所期待的价值——不能提供下一轮的风险投资或其他的更多资源。

阿里巴巴就这样在穷困中坚守着，直到1999年，CEO蔡崇信的空降给阿里巴巴带来了第一笔投资，总共500万美元，投资者是以高盛为主的一批投资银行。500万美元让马云的口袋一下子鼓了起来。

有时候事情就是这么奇怪，旱的旱死，涝的涝死，急等着用钱的时候没地方找钱，不着急的时候坐在家里都会有人追上门来送钱。这个时候，对马云和阿里巴巴来说至关重要的人——孙正义，从天而降。

1999年的冬天，据说马云用6分钟的演讲打动了孙正义，从他那里得到了2000万美元的投资。后来孙正义对马云这样解释："9年前我见到你的时候，你一无所有，中国的互联网行业也仅仅是刚起步。但是，你的双眼冒光，闪烁着梦想和激情……所以我决定投资你的公司。"

资金充裕的马云，随后展开了一系列大动作，斥巨资进行国际化扩张，聘请国际高级人才，在不到一年的时间里，花了将近1800万美元。2001年1月，阿里巴巴的账户上只剩下不到1000万美元，阿里巴巴资金又一次告急，幸而不久后阿里巴巴B2B开始赢利，才没有陷入资金短缺的窘境。

2003年，马云去日本出差，看到了C2C模式的前景，随即开发运行了淘宝网，并采取了与阿里巴巴前期相同的战略——免费。在淘宝网的新闻发布会上，马云说，他为此准备投入的资金是1亿元。尽管当时阿里巴巴B2B已经赢利，但运作淘宝网，仅凭马云口袋里的钱还远远不够，这个时候孙正义再一次雪中送炭。

2003年7月，马云与孙正义达成投资协议，孙正义投入资金高达8200万美元，满足了淘宝所需的所有资金。这笔投资对于阿里巴巴具有重大的战略意义，而且是风险投资对纯互联网公司的单笔最大投资。

从创立至今，阿里巴巴融资不断，但是哪一笔是第一桶金，恐怕没人能说清楚。因为互联网烧钱的模式，让每一笔资金都弥足珍贵，任何一笔资金的缺失都可能导致经营失败，这是与传统行业迥然不同的地方。

你具备这些创业基因吗？

从上面这些例子可以看出，把企业从小做大，顺利掘取第一桶金，的确需要一些与众不同的创业基因。

洞察力

敏锐的洞察力有时候是天生的，但更多是后天培养的。真正伟大的领导者大都拥有敏锐的眼光。在企业没有成功前，周围人甚至企业员工都不理解，也许最主要的原因是其他人往往未能或者不愿意投入同样的时间和付出同样的代价去领悟别人无法看到的事物和真理价值。当然，具有洞察力的创业者常常面临很多取舍，有时候必须舍弃一些东西来换取远景目标的实现。

30多年前，现已故苹果公司总裁史蒂夫·乔布斯（Steven Jobs）

很可能预感到，他们在车房中组装的个人电脑和手机会改变世界，于是毅然放弃大学学业去追求自己的梦想，从而造就了全球第一大市值的上市公司，也是全球第一大资讯科技公司。1985年，苹果电脑成功后，由于在公司发展方面与董事会发生冲突，乔布斯一度被迫出售股份离开苹果。

好在，他没有放弃自己的目标，苦苦支撑了10年，甚至耗光了自己的积蓄，终于创造了一系列新的电脑技术平台和商业模式。这个天才不被理解独自努力上路的故事，有了一个充满好莱坞风格的结果，那就是他像未来战士重临一样，在10年后成功挽救濒临破产的苹果电脑，更推出了风靡全球的iPod、iPhone等电子产品，深刻地改变了现代人的生活方式。乔布斯虽然不是最完美的企业家，但绝对是全球最有洞察力的企业家。

把握能力

把握机遇的能力很重要，任何人的成功都离不开机遇，所以在机遇没有来临的时刻应及早做好准备。

丘吉尔曾经说过："每个人一生中都会有一次或多次他梦寐以求的机遇来临，但可悲的是，这一机会来临的时候，你发现自己没有能力抓住他。"这位政治老手兼高龄文学青年拿到诺贝尔文学奖，说不定也就是这样的原因。

赛场上的运动员，把握住千钧一发的机会，成功夺冠，而其他同样在赛场下艰苦训练的同行们，却是因为一点点的差距，永远不能成为赢家。你怕不怕？

所以，无论是比尔·盖茨还是丁磊；无论是杨致远，还是亚马逊的贝索斯，他们在某个决定他们命运时刻的恰当一招，不仅改变了自己的命运，也改写了商业史上的重要一页。

服务精神

这里说的服务，可不是旧式贴在饭馆里面那种没有人看的《服务须知》，而是真的为客户提供解决他们面临问题的服务概念。

十多年前，宋秩铭曾经是奥美大中华区的掌门人，广告界视之为前辈高人。奥美那时候在内地推广自己的品牌，所以宋前辈也亲自出来和我们应酬。言谈间说起他刚从台湾淡水工商学院银行管理系毕业时，正好一家银行和一家广告公司都要他，是去银行，还是去广告公司？银行给宋秩铭开出12000元台币的月薪，国华广告公司给3500元台币月薪。当时还很年轻的宋秩铭觉得广告很好玩，不顾父亲的极力反对，还是到广告公司上班了。从此一发不可收拾，扶摇直上成为业界大腕。

宋秩铭初入行的时候，也要由最底层做起，那时候台湾地区的经济还没有起飞，要去做个市场调查什么的很不容易，因为没有科学的办法，老板就让职员们一个家庭一个家庭地去走访，看别人在看什么节目。不过，不是所有的家庭都欢迎广告公司的人来访，于是，年轻的宋秩铭和同事们就想到了一个高招，就是在别人的窗户外面跳起来，看人家客厅里面的电视播的是什么节目，然后记录。好在那时候大多数家庭都是住的平房，如果换作今天，这么多高楼和保安，这一招就不灵了。

企业管理之中，重要的一环就是"利益关联者"，指的是企业如果要长期生存和发展，就必须充分照顾和考虑包括客户、员工、政府、供货商、股东等各种利益关联者的利益需求，为他们提供有价值的服务，这种是支撑创业者不断前行的有生力量。能预见到市场和事物发展的趋势，并且能够很早、很具体地为这些事情作基本的准备和积累，这才是创业基因中的宝贵之处。

"求败"精神

大凡创业者，起初往往都会遇到极难的时候。所谓成功之前，必然要有劫数。

例如，一度事业如日中天的台湾网络游戏公司——游戏橘子，其创办人刘柏园也有过战斗到只剩下两个人的时候。那是1997年农历春节之前，不仅开发的游戏《富贵列车》商业失败，而且创业团队中也有人心灰意冷选择离开。这个时候，刘柏园咬牙调整了公司策略，然后再一步步积累，将重点放在营销方面，最后终于一飞冲天，一度成为台湾游戏业的霸主。或者，没有当初的那一败，也就没有再度崛起的力度和决心了。

同样身处互联网，创业教父马云也是经历两次惨败才把阿里巴巴做起来的。

1995年，马云借职务之机，去了一趟美国。在那里他看到了互联网和从事互联网的公司，当他在电脑上敲出四个字母b-e-e-r搜出德国啤酒、美国啤酒之后，便打定主意做互联网。

回到杭州后，马云找了他的一些朋友和学生，一共24个人，坐下来听他讲在美国发现的那个叫"互联网"的新鲜玩意儿，讲了两个小时，没有人能听懂马云在说什么，包括他自己在内。所以，24个人基本上都投了反对票，反对马云想靠互联网做生意的主意。马云后来说，大家的意见是："你可以拿钱去开饭馆、开酒吧、开夜校，什么都行，但就是不能干这个。"为什么？很简单，饭馆、酒吧和夜校，至少都还能让人看见一点实实在在的东西，可是这个互联网究竟在哪里？互联网上的东西，我上哪里去看？

马云是个固执的人，想了一晚上，始终觉得自己是对的，第二天起来，他还是决定要干。他自己出了7000元，又找亲戚朋友凑了2万元，创建了一个叫"海博网络"的公司，以运营中国网页为主业。这应该是中国最早的互联网公司之一。他的想法很简单，替客户制作网页，再发布到互联网上去，让世界各地的人都能看到客户的信息。但是，那个时候马云更多是被视为骗子。

后来中国黄页接了一个客户、两个客户……到1997年，已经接到了一些有名气的客户，比如无锡小天鹅、北京国安足球俱乐部等，营业额做到了700万元。

然而，这个时候，互联网开始普及，大家一下子都知道了互联网的存在和作用，没有人说他是骗子了，可是他做的事又变成了一块肥肉，谁都想咬一口。结果就是一下子冒出无数的敌人，连朋友也变成了敌人。

这个时候，正规军也开始和土八路抢夺市场了，杭州电信就模仿马云的中国黄页chinapage.com做了一个chinesepage.com，中文名字也叫中国黄页。注册成本仅2万元的海博网络决定与对方合作。1996年3月，中国黄页将资产折合成60万元人民币，占30%的股份，杭州电信投入140万元人民币，占70%的股份。

但是理念不同的合作注定是不长远的，马云很快就发现与杭州电信方面道不同不相为谋。对方想迅速赚钱，而马云想培育市场放长线钓大鱼，到1997年，马云觉得双方的合作没有继续下去的必要，他辞职了。

这是马云第一次创业失败，但他认为这是方式的问题，不是他的理念不对，加上当时互联网在北京一派热火朝天的场面，他想到北京去试试运气。这个时候，外经贸部发出了邀请，请马云来给经贸部做一个网站，于是1997年的冬天，马云带着他的几个兄弟，到了北京。

马云一行人踌躇满志，但是和经贸部的合作，却并不像一开始想象的那么美好。做政府项目有一些先天的制约，比如来自政府方面的意志力太过强大，使得整个经营团队没有办法实施自己的想法，而政府背景也让这个项目基本上不可能以市场化的方式来操作。外面最流行的那一套商业模式、风险投资，在先天上就和这个项目无缘。在互联网的热潮中，马云做的这个外经贸部的网上中国商品交易市场，身上绑着无数的束缚，以一种沉重的步伐缓慢前进。

18个月后，1998年年底，忍无可忍的马云心灰意冷，再次辞职，回杭州自己创业。

1998年是中国互联网的第一个高峰，当所有人正在注射互联网的第一针鸡血的时候，马云已经在这个行业踏踏实实地失败过两次了。他清醒和谨慎多了，他说："互联网是一片昏暗的江湖，谁也不知道未来是什么。这时候你可以去找一份收入不错的工作，但很有可能你几年后还得换地方。"

另外，在北京的创业失败经历让马云收获了两点：一是经过网上中国商品交易市场的练兵，关于阿里巴巴的雏形和架构，已经基本成型了；二是马云的创业团队得到了锻炼和扩大。

1999年年初，在杭州湖畔花园马云自己的一套三居室的房子里，马云带领他的团队开始了第三次创业。阿里巴巴诞生了，然后壮大了，在2012年成为中国互联网的第一大集团。

"求败"精神乃是一种境界，是有志之人在面对可能的失败时的判断标准以及遭遇挫折时的应对。生意一道，从来就没有必胜之事，没有百分百安全赚钱的时候，因此，有"求败"精神，方能够历经磨难而成就大事。

为什么经理人创业往往以失败告终

在一度大红的创业节目《赢在中国》第一赛季的晋级篇第九场中，马云对一位出身会计师的创业者说："我觉得计划讲得不错，市场也存在，中国马上进入服务型社会，在这里面有戏可唱。我比较担心一点是，天不怕，地不怕，就怕CFO当CEO，财务官当CEO有问题，财务官的职业是检查、是控制，所以财务官当CEO会缺乏远见。"

CFO，Chief Financial Officer的缩写，意为公司首席财政官或财务总监，这个职位被誉为现代公司中最重要、最有价值的顶尖管理职位之一，掌握着企业的灵魂。

CEO，Chicf Executive Officer的缩写，意思是首席执行官，企业中负责日常经营管理的最高级管理人员，是企业的掌舵人。

马云的意思很明显：对企业来说，最大的忌讳，是让出身财务的人充当企业的掌舵人。马云的解释有一定的道理：CFO的职业习惯是控制，控制企业的一切消费与开支，让这样的人充当企业的一把手，必然会束手束脚，不利于企业的长远发展。

通俗地讲，财务人员精于算计，容易斤斤计较，一般思想比较保守，不敢轻易冒险，做CEO时魄力和勇气不足，缺乏远见。

最近这十几年，一批受过现代企业制度和企业文化洗礼的职业经理人，因不同的契机和动机，走上了创业之路。这些经过外资企业培训和熏陶的职业经理人的创业成功率并不高，真正能大展宏图，开创一片天地的并不多，大部分是遭受了挫折之后重新成为职业经理人。

职业经理人虽然接受过完整的企业管理培训，其知识和经验是企业家必备的，但不幸的是，所谓的职业经理人和企业家本来是两种不同价值观的人。

这种区别在中国特别明显。在美国由于整个社会崇尚创业文化，区别会小一些。在中国，长期以来，做得好的职业经理人，更习惯于作为企业的一分子，行使好管家的职能，但创业者则倾向于开拓新的领域，探索新的模式，他们必须愿意承担更大的风险。

国际大企业培养出来的职业经理人则有另外的特点——他们习惯于在资源比较充足的环境中生存，在一个单纯依赖个人力量、资源稀缺、一人身兼几种职能的环境下则显得比较吃力。创业者在担任职业经理人时，应当尽量从老板的角度考虑现在的工作，尽量使自己习惯在资源缺乏的环境下工作，这样可以大幅提高创业的成功率。

经常听到企业家们发牢骚，说生意越来越难做了。这个感觉是对的，原因如下：市场供应过剩、竞争越来越激烈；竞争对手的手段和能力越来越强；客户的要求越来越高、选择越来越多，对信息的掌握也越来越充分；通过特权或者关系赚钱的手段越来越不管用了。

所以，创业者在未来的规划中需要更加细致的部署。过去的成功者有相当一部分是靠敢想敢干，把握机遇，巧妙地获取稀缺资源，例如土地、配额、物资、关系等；或在某些方面享有特权，但未来20年要白手起家，以上的手段已经不够了，新一代的创业者需要更深厚的知识和能力、更高的道德标准以及更充分多元的准备和资源支撑。

用京城地产名家潘石屹的发迹例子解读会更清楚。

在潘石屹挺进海南和一众难兄难弟以不低也不算高的年利息20%借来500万元的时候，他成功的第一步还是相当模糊的。那个时候海南所有人都在炒地炒房，能够拆借到资金，以不算高的价格买到楼盘，再找到愿意接手的买家，这缺一不可的三步的成功已经显现出老潘在房地产经营上的天分。之后入京的更大成就，不外乎是把这三招用得更加娴熟，牵涉的数字位数增加了而已。事实上，直到今天，能够借到钱、拿到地和卖得出去仍然是所有或大或小有名无名的地产商每天需要面对的事情，而能够把这三部曲演绎成功的人，始终是有限的。所以后来老潘可以潇洒地出版《现代城批判》，乐此不疲地配合一家家媒体进行亦正亦邪的亮相表白，都不过是锦上添花的手段而已。

　　老潘的创业史中，值得关注的另外一点是他在北京如何迅速占据一席之地。选择建外SOHO以及建筑师走廊这类面积不大但是性格鲜明的分众市场，可以说是他的性格使然，也是在竞争对手众多的情况下不多的选择之一。无论从实际开发量还是队伍建设来说，老潘的公司还远远没有到一线公司的水平，但是他把握概念销售恰到好处，把"唯有偏执狂才能生存"这一本来很不中式的理论演绎得畅快淋漓。这一类人在地产界永远有一席之地。年轻人要学习老潘的，第一是在一个行业里面要先会做基本的事情，而且要做得熟练；第二才是做概念，标新立异台前风光都是立足于后面的大量铺垫工作之上的，练拳不练功，到老一场空。

第四节

一个在路上的创业者案例

"我自己就是个'喜新厌旧'的人，一旦某个业务上了正轨，就总想着转向。投资人的选择其实是成套路的，如果公司符合套路自然能顺利获得融资。很多人总是希望自己少做事，最好是能搭别人的车去赢利，可是投机取巧的做法往往并不稳当。"这是连环创业典型成功者孙陶然在2013年的感悟。

1991年，孙陶然大学毕业，户口被打回原籍，但二线城市波澜不惊的生活很快让他感到沉闷、乏味，没过几天便买了一张火车票，风风火火返回了北京城。

这次来北京，孙陶然加入了北京市民政局下属的集体企业，属于当时中关村第一批民办企业之一的四达集团，也是后来名噪一时的恒基伟业公司的前身。

孙陶然被分到四达广告公司，参与组织全国大学生科技大赛，随后担任电视剧《广告人》制片人，半年下来，他的成绩有目共睹，于是被提拔为四达广告公司副总经理，没过多久，又被提拔为总经理，而此时，他只有23岁。

　　孙陶然上任时，四达广告公司账上仅有3万元人民币，发工资都是一大难题。为了打开局面，他几乎整天跑市场、拉业务。恰在此时，机会出现了，《北京青年报》扩版，准备增加电脑、汽车等板块一周一刊，报社不愿亲自动手，而是打算与广告公司合作，决定把周刊从采编到广告整个外包出去。孙陶然听说此事，"觉得一个新领域可能蕴藏更大的商机，想试试"。

　　孙陶然看中了电脑周刊，认为信息化时代即将到来，电脑终将走进千家万户，在这个过程中，大众媒体将会出现越来越多的电脑广告，创办电脑周刊将很有前景。1995年2月28日，《北京青年报·电脑时代》创刊。为了拉业务，孙陶然几乎整天都往中关村跑，试图劝说那些电脑商试试效果。但是广告量少得可怜，广告收入几乎为零。

　　孙陶然决定背水一战。1995年7月，他花费10万元，在北京郊区租了一家度假村，邀请计算机生产商、媒体老总过来开了两天研讨会，大方地招待一番，并独家刊登会议详情，国内媒体纷纷转载。两天后，很多电脑商包括IBM、联想、方正等大牌厂商纷至沓来，争相刊登广告，仅几天时间，一年的广告版面便被订购一空。接下来，只需"坐着等收钱了"。到年底，四达广告公司实现赢利100万元，1996年赢利高达800多万，1997年赢利突破1000万元。

1997年年底，《北京青年报》提高承包价格。为降低经营风险，孙陶然终止与其合作，《北京青年报·电脑时代》无疾而终，随后他马不停蹄地创办了中国最早的直投杂志《生活速递》。

孙陶然从《北京青年报·电脑时代》周刊的蓬勃发展中意识到消费时代广告市场的巨大容量，于是率先引入直投杂志这一模式，将《生活速递》定位于高端杂志，向北京高档小区、写字楼、餐饮娱乐场所免费投放，仅一年时间，便从传统平面媒体阵营夺得大半广告客户，一举奠定了其在直投杂志领域的江湖地位。

孙陶然与广告客户打交道发现，随着市场竞争加剧，企业迫切期望树立品牌形象，非常需要专业的公关公司包揽各种活动，只是惧于公关行业良莠不齐，有时显得过于保守。孙陶然本能地想到，可以趁机将自己掌握的企业资源转化为公关客户，于是与赵文权一拍即合。

1997年年底，孙陶然和赵文权拉上其他三个大学同学建立了蓝色光标数码科技公司。孙陶然等四人只担任公司董事，赵文权当时已经从原单位离职，全心投入新公司的创业，加上在公关行业道行最深，担任总经理，全权负责公司日常经营。

有了赵文权的经验，加上孙陶然等人在IT界的客户资源，蓝色光标很快打开局面。先后与联想、AMD、思科、索尼、三星等大公司建立合作关系，业务范围从活动策划、广告创业拓展至品牌形象、产品推广、政府公关和危机处理，在业界建立了良好口碑，吸引了壳牌、杜邦等世界500强客户。

2010年2月27日，蓝色光标登陆创业板。"国内公关第一股"概念备受投资者追捧，以每股43.6元开盘，较发行价每股33.86元上涨28.76%，"创业五人组"每人身价高达3亿。

在《生活速递》杂志走上正轨后，孙陶然涉足掌上电子产品。20世纪90年代初期，美国苹果公司推出全球第一款PDA产品，该产品集通讯录、计算机、日程表、记事本等功能于一体，深受商界人士欢迎，随后Palm、康柏、微软纷纷推出各自的掌上电脑产品。掌上电脑属于新兴产品，各厂商急于打开消费市场。孙陶然利用办《北京青年报·电脑时代》打下的关系，轻而易举取得名人、快译通等品牌的代理权。

随着市场打开，财源广进，孙陶然逐渐萌生进军产业链上游的想法，他格外看好PDA市场的未来。恰在此时，四达集团高层决意涉足PDA制造。1998年2月，四达PDA研发完成，10月，专门运作PDA项目的恒基伟业公司成立。孙陶然为四达PDA起了一个相当洋气而上口的名字——"商务通"。

1999年，"商务通"销量突破100万台，上市一年销售额突破7亿元，跃居行业第一位。到2001年时，"商务通"销售额占据全行业44.6%的份额，相当于名人与联想的市场总和。然而，正当"商务通"攻城略地的时候，内外环境发生了重大变化。竞争者的加入令行业火热、混乱，后来发力的名人通过密集的价格战、广告战正面挑战"商务通"。同时，孙陶然在"商务通"的市场营销问题上与技术部发生矛盾，争执不下。内外交困，孙陶然愈发强烈地感到危机。2001年5月，PDA行业高歌猛进之际，孙陶然急流勇退。

2002年年初，孙陶然再次出发，投资创办北京乾坤时尚科技发展有限公司，做掌上电子词典。由于英语教育日渐被重视，以学生为消费主体的电子词典很有市场，行业一派利好。孙陶然很早就注意到这轮业态的动向。

与以往不同的是，擅长营销的孙陶然并未将精力放在广告、公关等外延工作上，而是致力于产品技术创新。在孙陶然看来，技术上的裹足不前将导致市场停滞，如果单纯围绕营销做文章，对产品功能、用户体验等方面漠不关心，是无法赢得市场的。

在孙陶然领导下，乾坤时尚在三个月内推出两款产品，于2002年6月投放市场。2003年，孙陶然开始发力，一年中先后推出15款新产品，同时掀起营销风暴，主打高端产品，一举奠定行业地位。

然而，正当他按照既定计划突进时，一家名为"好记星"的行业新星以令人瞠目的速度迅速崛起，席卷电子词典市场，包括文曲星、快译通在内的品牌无一是其敌手。在"好记星"的猛烈攻势下，乾坤时尚生存空间日趋缩小。孙陶然索性将公司卖给了"好记星"。

随着电子词典市场整体萎缩，孙陶然再次踏上创业之路。这一次，他将目光投向了金融服务领域。孙陶然瞄上了电子支付，原因有二：一是在从事公关、广告、IT等行业后，希望转型做一家服务性企业，因为这类行业生命周期较长；二是日常生活中，银行普遍存在支付不方便、缴费不方便、还款不方便等问题。可见，解决银行支付瓶颈方面存在市场。

为生活服务，成为创业的最终归宿。孙陶然提出这样一个概念：把家门口的每一家便利店发展成为便利支付网点，为消费者提供日常必需的金融类服务。2005年1月，联想控股，雷军及孙陶然共同投资创立的拉卡拉公司正式成立。旨在实现电子商务金融服务商角色的拉卡拉，在遍布城市各个角落的便利店植入智能刷卡支付终端，借此解决支付困难，消费者可以轻松实现信用卡还款、手机充值，缴纳水电费、电话费，甚至网络交易。

孙陶然的创业能力和拉卡拉的运营模式得到了业界和市场的认可，也成功引来了投资。从2006年到2010年，拉卡拉完成第四轮融资，联想控股成为第一大股东，拉卡拉和联想集团、神州数码、神州租车、联想投资一样成为联想控股成员企业。充沛的资金让拉卡拉如鱼得水，一夜之间如雨后春笋般深入各个便利店。时至今日，拉卡拉已成为极富价值的品牌。

考察孙陶然的创业路径，无非是基于对市场和潮流的把握，不失时机地切换创业领域。不过，任何一个人的创业经历和经验都不能盲目效仿，孙陶然善于发现机会并及时调整的应变能力值得我们学习，但是对于他不断变换创业领域、看重短期机会这一点，创业者们还是要谨慎效仿。而马云坚持做电子商务，在电子商务领域不断涉足新业务，相比孙陶然更加有视野，更加有规模效应。

例如，2003年，马云去日本考察，做C2C的eBay在美国的成功和雅虎日本在C2C的成功，让马云意识到电子商务是没有边界的，eBay和阿里巴巴是一样的，马云便有了做C2C的念头。回到杭州，马云从公司抽调出10个人，秘密开发推出了淘宝网。2003年10月，见C2C市场受制于信用体系不完善而不能快速发展的情形，马云创建了第三方支付平台——支付宝，进军电子支付领域。2009年9月，阿里巴巴成立了子公司"阿里云"，专注于云计算领域的研究和研发。2010年，团购网站在中国兴起，在看好团购模式之后马云立即推出了淘宝聚划算，并迅速成为国内团购网站的佼佼者。2011年，为了更精准和有效地服务客户，马云将淘宝网分拆为三个独立的公司：淘宝网、淘宝商城（后改名为"天猫商城"）和一淘网。

显然，无论阿里巴巴扩展了多少新业务，马云始终都没有偏离电子商务这条路。

在商业领域，没有内幕、没有不可告人的信息，商人白手起家而身价暴涨的例子之中，用友软件的个人大股东王文京很有代表性。

他本来只是一个下海的机关干部，看上去没什么创意的会计标兵，竟然能够成为坐拥10亿元资产、一夜分红现金3000多万元的富豪，使其他勉力经营点滴积累的民营企业家黯然失色。但是，王文京的成功，既在于他从事的行业特性，也在于他和资本市场的缘分。虽然很多时候被夸张成是会计出身，但是不要忘记的是，王文京一下海就选择了软件行业，这是产生了比尔·盖茨那样世界级首富的朝阳行业，也是一件产品畅销之后边际成本可以趋向极低的神奇行业。而且，他入行的时间比起绝大多数后来者早了三四年，而对于软件业来说，这几年的时间几乎可以等同于中国足球冲击世界杯的几十年。即使途中冒出两家对手，然而作为财务管理软件的龙头，王文京很用心地把一样稀缺产品打磨得更为圆熟，这种优势的把握远比其他行业要来得容易。

因此，在和资本市场接轨方面，正是因为用友以及王文京的不慌不忙，反而能够后发先至。我们目前没有任何资料证明王文京在资本市场上有多少长袖善舞的例子，但是可以说，在陌生的资本市场上如何用好软件业这张大牌方面，王文京至少是掌握好了节奏和分寸。因此，后来者由王文京身上读到的，是要有眼光去发现潜力行业，然后用足够的时间去把这一件事情做好、做大；同时，不放过任何其他锦上添花的外部收益。

创业，往往就像是一次高难度的历险，只有把握住思维和行为的节奏，才能够一步步接近目标。年轻人需要足够的耐心去学习和反思，因为这一种努力比起任何不切实际的空想或者铤而走险的盲动更实际。

模拟现实的商业游戏

那么，成功的商人到底是怎么练出来的？有没有什么办法，能够把你我这样寻常的年轻人，锻铸成为有着坚强神经和敏锐赚钱本能的超级都市经济霸王呢？

别着急，我们先来看一个MBA教学的下午。

在北京黄金地段的长安街旁边，一幢幢甲级写字楼林立。其中某一栋大楼的三楼里面，配置了高科技授课系统的一间会议室里面，二三十名30岁左右的行政人员拿着文件夹和图表资料，正在投入地倾听或者发言。

在中国，这样收费高昂、带着一丝神秘色彩的课堂上，有名或者无名的教授反复提及那些公众耳熟能详的企业的名字，时而插入一两句自嘲或者黑色幽默，而众多高级管理人装束并且年薪不菲的学生们一个个争先恐后，如同电视上大专辩论赛的青涩男女学生一样煞有介事地各执一词，雄辩如滔滔江水。

在15年前的中国，对生意人讲起MBA，他们大多数会态度暧昧不置可否。10年前，社会上还一度嘲笑MBA无用。但是今天，中国大一点的公司，都已经受过五花八门的现代管理以及人力资源理论的熏陶，对MBA多少都有些认同，至少已经把它当一回事了。所以如果你们还在26岁之下，从业两三年正苦于找不到事业的突破口，有机会的时候可以留意一下相关的信息，重回课堂来一招以退为进。

MBA学位教育是工商管理学位教育中不一定最牛但却是最受认可的教育计划。自1910年美国哈佛大学首创MBA学位教育计划以来，特别是随着社会财富越来越多，大公司越来越多，MBA在现代商场成为一门显学。近几年的著名CEO大多数出身于MBA。名校的MBA意味着高薪酬、大公司、广阔的发展空间，还有广阔的同学关系网络。

现代的商学院，商业社会最流行也是最有效的敲门砖的MBA课程教育里面，大多数的时候，就是通过模拟现实的商业游戏来推进和传播。

大家不要觉得很复杂，事实上，这些讲课基本都不会枯燥，因为入学的都是在各企业中有一定经验的管理者，太马虎太粗糙的教学是很难长期维持的。

因为是针对高智商高素质的群体的教育，光是讲大道理肯定不能让这些交了昂贵学费的职业经理人觉得有收获，MBA经过半个世纪的教学实践，已经形成了独具特色的教学方法，最常用的莫过于案例教学法、模拟教学法和项目教学法。

最为大众津津乐道的案例教学法是MBA重要的教学方法之一。它取材于真实的经营环境，采用相似的组织机构、人员关系和时间，运用同样的资源约束、竞争压力、数据和信息，训练学生的战略、政策观点和实际处理问题的能力。这方面，最为人熟知的要数哈佛MBA案例了，有段时间，连高中生都会买上一套来琢磨。

模拟教学法则是采用计算机虚拟现实技术，应用所学知识对现实的商业和企业中复杂的信息流和市场变化进行模拟，作出相应的决策，以此达到培养学生解决实际问题的能力。

项目教学法类似于我们都熟悉的学生实习。由商学院牵头和企业共同组成项目小组，深入实际，在解决问题的同时，学习和应用已有的知识，在实践的第一线培养学生们解决问题的能力。

假如你有了足够的财富

有好事者统计过，过去1000年来，最富有的50人之中，中国入选的有成吉思汗、和珅等6人。而比较有意思的是，这个榜里面有很多人都是大家不熟悉的，他们再有钱，好像也是锦衣夜行，与大家普遍认同的牛人相比起来，多少差了点什么。

从历史上来看，人类所承认和拥有的财富有多种形态的演变过程，最初是土地所有权，其后，贵重金属、奴隶、船和工厂慢慢成为财富的一部分。到如今，股票、名画、古董也成为财富的象征。所谓君子爱财，取之有道，我们只说从正道上获取财富的手段也有好几大类，分别是农业、畜牧业、矿业、商业、工业和金融业。当然也有人会说，获取权力就能获取财富，例如劳役他人、征税，甚至贪污受贿都是掠夺财富的一种形式，不过此非正道，我们不提倡。但是，不能否认的是，在某些情况下，权力能够兑现为财富和五花八门的服务。前几年热播的电视剧《大宅门》里面，白家二奶奶拿着白家老号的牌匾，打上对方的商店硬是入了个老号股，是个有趣的例证，说明良好的商业信誉、专有权，也是能直接当财富来使的。

1840年前后，蒸汽机一声轰鸣，带来了第一次工业革命。英国是最大的赢家，成为世界上第一个工业国家，也是当时世界上最强大的国家。接着工业革命扩展到欧美和其他地区，人类的致富途径从此有了天翻地覆的变化。

在工业革命之前数千年的人类历史上，不论是东方还是西方，最普遍也最基本的致富途径是拥有大片土地和充足的劳动力。旧小说中描写某人大富，脱不了一句家有千顷良田、娇妻美妾。在自给自足的农业经济中，商人的主要职责只是把农产品贩卖到远方的市场去，然而这个市场需求是何等的微不足道啊。工业革命之后，商人们的好日子来了，因为工业化进程已经永久性地改变了人类致富的基本模式，制成品主宰了生产和商业领域，即便是农业本身也发生了意料不到的变化。

在农业时代，有了土地，不用钱就能为自己带来生活所必需的一切，包括食物、衣服、住所。进入工业时代后，更多的人从土地上解放出来，他们进入城市后，金钱取代土地成为唯一能够供应生活的东西。今天，连水都是要花钱买的，这一点在农业社会简直难以想象。

"财富是什么？怎么样才算是有钱？"经常有人问这些问题，

也许所有的人都会问自己这个问题，而比较靠谱的答案基本上是这样的——财富就是指有足够的钱和时间，使你可以做你想做的任何事情。

那么，让我们想象一下，如果你已经拥有了足够的财富，也就是说拥有了足够的钱和时间，可以在任何时候做想做的事情，你的生活会是什么样子呢？也许，每天早上你都可以和你的孩子一起去学校，而不是像肥皂剧中的古老桥段一样，你因为工作而错过孩子的学校演出或音乐会。或者你早上可以什么都不做，只是睡懒觉，光是想着rush hour的时候大家堵在路上，而你在床上这个念头，就足以让人偷着乐了。

或者，你不能天天睡懒觉不上班，但是你可以选择在半夜看那些遥远国家的俱乐部比赛，偶尔走神的间隙才想一想明天的工作，而不是在办公室挥汗如雨，心里哀叹同时间开赛的足球将会何等的精彩，但精彩是人家的，你只有工作。

当然啦，还有度假时你想什么时候回来就什么时候回来，而不是由老板来决定你什么时候回来。

最实际的想象是，你的汽车贷款付清了，你的房产按揭付清了，月底时你的信用卡账单付清了，一身清爽！

可见，对于商业和财富的认知其实并不复杂，我们不需要用贝壳古币来再现曾经的财富，也不需要了解关于牛羊财货交易的记载，更不需要回顾中世纪的丝绸之路以及大航海时代，我们自从呱呱坠地，睁开眼睛的那一瞬间，就能比任何一个历史时代的任何人更深切地体会到，财富是什么。

从中国内地小镇上开店大妈面对游客稀少的烦躁，到香港市民守望负资产的无奈，再到美国商人在经济危机中的祈祷，世界经济一个小小的变化，都会关系到地球某个角落某些人的喜怒哀乐。

20世纪末，联合国估计全球国内生产总值有30兆亿美元，当然这样的数据只是一个大体的数字。联合国还估计，按照每天1美元的最低生活标准，全球有13亿人口依然生活在贫困线以下，这些人多数生活在东南亚、东亚和非洲的次撒哈拉地区。北美、西欧、东欧的部分地区、拉丁美洲越来越富裕，世界的其他角落却远没有达到这个水平。残酷的现实不断告诉我们的一个事实是，我们离做个有钱人还有着相当远的距离，没有什么理由这个时候就放松对自我的要求。

第四章

圈子里的大玄机，你知道多少

阿里巴巴放弃商业帝国的思想，什么叫商业帝国？要么你加入我，或者我废了你。我觉得21世纪人们不应该有这样的心态，什么是21世纪心态？就是生态，一个生态的环境，大家都是商业生态中的一部分。

——马云

圈子很重要，亨通堂出版的一系列"圈子·段子"由不同时代不同角度展开说的就是这个道理。

圈子是什么？圈子就是一群利益相近、气场相投的人聚集，除了吃喝玩乐讲段子、灯红酒绿泡马子，还得拼爹、拼钱、拼实力，并一起党同伐异。

圈中自有黄金屋，圈中自有颜如玉。圈子里的人，在事业的上升期，有人推你；在人生的挫折期，有人挺你；要有一天你被圈子外的狗咬了，还会有人帮你一起咬回去。

对马云身处的世界来说，当然更是如此。

圈子里的成功学

EMBA炙手可热

EMBA（高级工商管理硕士）是何方神物？大部分中国人对这个
"高级管理人员的'黄埔军校'"不是很了解。也难怪，从2002年被
正式引入中国，EMBA来到中国仅仅10来个年头。

前些年，经济学家郎咸平预言，EMBA这个奇怪的培训项目，按
照常理来说，应该热度不过两三年，但是，从金融海啸以来的这几
年的趋势看，EMBA班吸引力不但未减，反而越发炙手可热。据英国
《金融时报》2012年公布的最新全球EMBA项目排行榜，前15名中有
5家是来自中国的商学院，其中香港科技大学与美国西北大学凯洛格
商学院联合开办的项目已经连续三年名列榜首。也就是说，现在中国

EMBA的热度已达世界之最。

既然这个培训项目这么热，大家都去读读，丰富丰富知识好了。不过，请注意，这可不像考研辅导班等各种普通技术培训班一样，想读就能读。EMBA班里的学生大都来头不小，不是大老板，就是高管，最低学费动辄要20多万，一般人实在难以企及。

教育部对EMBA制定的学费指导价为20万元，但大多数学校收费高于此数：例如早年清华大学学费为25万元、北京大学学费为26万元、复旦大学学费为23万元、上海交通大学学费为21.8万元。有人算过，平均下来，每节课就要3000元，这还不包括期间出国培训的交通、食宿等费用。随着这几年EMBA热度攀升，学费也不断水涨船高，大家都高呼"上EMBA，越早越好，明年还涨价"，据说顶级商学院的EMBA班的学费竟高达七八十万元，怎一个"贵"字了得！

但是，还是有人非常想去读EMBA。有个民营企业老板就私下对郎咸平说，EMBA所谓的强调实战训练什么的他倒不看重，甚至那些头脑风暴什么的也觉得儿戏，他来上课，为的是认识更多企业精英，在互相交流合作中建立关系网络，这才是以后提高竞争力的强有力支持。EMBA对学员的要求十分苛刻，如必须具备8年以上工作经验、5年以上管理经验、国家认可的本科学历等。

一位学员曾两次就读EMBA，靠学友的大力提携，从无名的商界小卒，一跃成为一个积极准备上市的电子公司的地区老总。他觉得，EMBA可比MBA层次更高。

建立起一个高层次的人际关系网，对于有志成就一番事业的人来说大为有益。一位来自山东的老总说，他近来面临企业濒临倒闭的苦恼，在EMBA案例分析时，他向班上学员倒出了苦水，大家纷纷为他出谋划策，有位学员经营的项目与他适销对路，于是当场签约，不仅挽救了企业，还找到了新的利润增长点。对他来说，这次EMBA真是一笔本小利大的投资！

　　在某家沿海城市大学的EMBA求学者中，逾85%是企业老总，平均年龄37岁。来自民营企业、外企的老总占绝大部分，来自当地知名企业的也不少。看来，愿意花EMBA这笔交际投资的商人，算盘打得还是蛮精的。

　　用德国社会学家爱尔文·舍尔希的话说："高端决策者们互相扶植而达到成功，他们的格言是：你搀了我一下，我也会扶你一下。"而按照文艺腔的说法，那就是"赠之以木桃，报之以琼瑶"。按照畅销书"圈子·段子"里面的说法——圈子是什么？圈子就是一群利益相近、气场相投的人聚集起来，除了吃喝玩乐讲段子，还得拼爹、拼钱、拼实力，并一起党同伐异。圈中自有黄金屋，圈中自有颜如玉。圈子里的人，在事业的上升期，有人推你；在人生的挫折期，有人挺你；要有一天你被圈子外的狗咬了，还会有人帮你一起咬回去。

　　这样的说法虽然比较直接，但是话糙理不糙。没有一群朋友背后挺你，你在商业世界难施展拳脚。

什么样的人吃得开

虽然电影电视中，男女主角除了勤奋努力之外，他们的发迹大都是来自于天上掉下来的机会。但商业社会实际情况却大不一样——首先，交易大多来自于身边亲朋好友师长同学的有心或无心牵线；其次，交易最后是否能够顺利完成，更多地依赖于双方可能不多的几次磨合之后的互相信任。

在商业社会中，大家自然会对任何事情都多设一层心防，所以通常做得成功的，都是利用没有利益纠葛前的关系，如亲戚关系、同学关系等。消息灵通的人——就是那些建立良好的关系网络并处在信息流通中心的人。

有个资深猎头公司管理人就对我说过，现在公司最希望找到的人，一是有专业技术的，二就是有完善关系网络的。很多新型公司为了吸引海外投资，都会请一些有海外从业背景的人来做高层管理。说白了，是看重那方面的关系。

我认识的几位香港资本市场上做得最好的保荐人公司的领军人物，总结经验时他们常说——为什么公司找我们做上市推荐？一般的打打电话给外资基金，让他们来认购新股人人都会。但是，如何找到更多街上和电话本上找不到的潜在投资者？这些是我们擅长的事。我们能够收取客户几万元的服务费，绝不是只因为我们能够给他们打印投资报告，而更多的是为了我们能够替他们找到目标客户！

科瑞集团董事长郑跃文回顾自己商海生涯收获的时候，更是言简意赅地说道："最大的收获是一大盒子名片！"

你所处的是个万物共存的和谐社会，单打独斗是行不通的。

大多数人都是乐于助人的，因此只要你认定他们不至于帮倒忙，就给他们一次表现的机会吧！

台湾学者罗家德在《NQ风暴：关系管理的智慧》中说，对企业家来说有两种关系网络，"人际关系网络和企业组织网络，有各种重要的企业资源在网络中流通，比如物流、资金流、人力流、信息流以及知识流等，如何有效地建立与管理这两种网络，让各种资源畅所其流，流于其必需之处，止于其当止之地，是一个企业经营者不可或缺的能力"。

几乎所有大型跨国公司派员在进入中国之前，都会有人专门提醒他们，到中国，需要学习"关系"。为了使你的产品出现在中国市场，为确保你的业务在中国的成功，你必须理解在中国经营企业最重要的基础知识之一——关系的概念。甚至英语里面专门造了一个词来表现关系，就是guanxi，而他们也知道，这个词的意思跟relationship是不一样的。

我们虽然未必马上能够做上某公司的中国区总裁，但是，学会管理关系，永远不会嫌早！

职业规划专家的说法是，10%的成绩，30%的自我定位以及60%的关系网络才是成就理想的标准因素。要积极利用各种集会时间，不光是正式的派对。活动前，讲座休息时，午餐时或是在飞机候机室里，都不要放过。你可以结交一些同事、领导以及你对面的人。事业的成功经常是在工作时间以外取得的。

理论上，每个活动都会为你提供扩大社交圈的机会。但你必须事先有所准备，例如希望认识哪些人，可以与这些人谈什么，尽量利用好每一个机会，理想的情况是，每次你至少和三个以上的人有信息交流，而且不是无聊地站在那里谈天气、说娱乐圈的八卦。

再有，积极介绍他人加入你的人际网络，这也是我为人人、人人为我的最好注脚。你的人际关系网是张安全的网，因此你可以慷慨些——介绍第三个人加入你们。

另外，要适当作好记录卡片。例如，记录在什么活动中结交了什么人，不只写下名字，还要写下你对他们工作最感兴趣的方面。这样就不用记住所有的细节，在有需要时有所侧重地查看卡片就可以了。

没有网络之前的时代，人们的社会行为是通过人际关系来进行的，比如亲戚、朋友、同事、同学、客户、伙伴，等等。有些关系，比如亲戚，是天生有的；有些，比如朋友，是后天培育而来的；再有些，是默认开放的，比如客户关系。

进入20世纪90年代后，社会分工日趋精细，交通通信发达，为拓宽人际交往的空间提供了便利条件。在这种情况下，旧有的人际关系发生了深刻变化，人们的交往欲大大增强。过去那种集中于亲友、邻里之间，出于感情、心理需要的人际交往逐日减少。现代人在交往中已不满足"人生得一知己足矣",除了注重感情的需求外,还希望在增加交往的过程中,不断寻找新的朋友,觅得发展的机会。

这样,人们交往机会的增多,交际时间的缩短,交际需求的加大,交际面的拓宽,导致了交往的深度趋于浅显,远不如以往那么牢固、稳定。

互联网的出现,更是超越了人际关系,将所有的人互联,给了人们直接通达而不必借助原来人际关系的可能。社交网络服务,源自英文SNS(Social Network Service),Twitter与Facebook这种社交网络巨头的井喷式成长是商业史上的奇迹。互联网使得每个人的人际关系网络一下子无限增大。网络+自动化,原来需要借助人的接触的行为现在可以不必接触人,或者不必当面接触。但是,越是这种虚拟和现实混杂的环境下,对于周遭的人际关系的建立就需要更多心力投入。既然不知道网络另外一端是一条狗还是一位美女,我们的倾听和表达,都要比往时更加有效率才行。

另外,现代都市人注重关系平等,相互之间大都不存在谁限制谁的问题。相处投缘就经常往来,感觉较差就中止交流。人们交往不愿长期压抑自己的感情,不愿受到较多的限制、听从别人的命令。相反,交往个性意识增强,希望有较多的自由度,希望个性发展。如何协调这种与人相处的关系,奥妙无穷。

商场如战场,经商其实就是人与人之间的游戏,互联网之所以如此吸引人,就是因为用户面对的都是一个个活生生的人,其实,互联网产品获得成功的公司领导者，大都有一个接近的经验，就是在线的时间，不管是工作还是休闲、娱乐，百分之七八十都是花在与人交谈上面。和感情深的公司同事谈，和不好说话的客户谈，和现时不搭界以后或许有用的其他人谈，还有就是和高深莫测不知道底细的社会各色人物谈。虽然交流方式和态度不一样，但实际目的只有一个，就是尽可能地扩大自己的关系网络，积累更多的资源和实力，为日后的创业做更加扎实的准备！

如果说没有互联网以前的人际关系网络狭小有限，那么互联网诞生之后的人际关系网络，一方面由强联系网转变为弱联系网，另一方面则扩展为无限大的混沌。

拥有一张清晰而且稳固的人际关系"网络图"，就不难善用自己的人际关系资源，利用他人的存在为自己加分。

商业生态圈是个大圈子

圈子，说大就大，说小也小，往大了说，整个自然界的生态平衡是个圈子；往小了说，三五个亲戚朋友也是个圈子。圈子也不单指人际关系，还包括商业关系、商业生态系统。

理想的商业状态是，企业间形成完整的产业链，建立完整的商业生态系统，以保证企业良性、稳定地发展。

无论从人际关系上，还是商业系统上讲，阿里巴巴其实都是一个大圈子。作为国内最大的电子商务企业，阿里巴巴为社会贡献了不少优秀的创业者，这些从阿里巴巴离开的员工，有的结伴创业，有的单打独斗，但相同的一点是，他们的创业都没有脱离阿里巴巴，甚至倚靠阿里巴巴。

从阿里离开的李志国创办了生活搜索网站口碑网，口碑网后来被阿里控股，李志国又做起了投资人，投资了从淘宝网离职的陈琪和李研珠合伙创办的蘑菇街。蘑菇街是一个女性分享导购网站，它不出售商品，如果用户看到心仪的商品，只要点击即可链接到网站，而出售这些商品的网站几乎都在淘宝上。所以从蘑菇街创立伊始，淘宝就一直帮衬扶持，如今蘑菇街已成为国内最大、最火的女性分享导购社区。

曾任支付宝首席用户体验规划师的白鸦，2011年从淘宝离职后也创建了一个导购社区，模式与蘑菇街相似，只是用户群定位不同。

与白鸦同在支付宝就职的蒋海炳离职后创办了一家招聘网站，专门为电商招聘人才，包括网店招聘、高级电商人才猎头服务等。

其实，从阿里巴巴走出来的人，无论是价值观、商业思维，还是人脉资源、专业知识等，都明显带有阿里巴巴的烙印，他们创业的思路也是在阿里巴巴工作过程中以及阿里巴巴战略背景上产生的。蘑菇街创始人陈琪说，蘑菇街的市场是阿里巴巴培育的，如果是在几年前，蘑菇街根本做不起来。显然，在阿里巴巴这个商业生态圈中，企业之间是相互依存、合作共赢的，即使是有竞争，也是良性竞争。

此外，百度、腾讯、金山软件等这些在互联网行业颇具影响力的企业，也不断有员工离职创业后与老东家保持着竞合关系，互联网生态圈轮廓初现。

内部关系务必搞好

公司关系更微妙

根据罗家德的分析，在一家公司里，一般存在三种关系网络，分别为咨询网络、情感网络和情报网络，它们分别传递着不同的资源。如果员工业务上遇到问题向另一员工请教，他们的这一关系就会出现在咨询网络上。咨询网络是与日常例行性工作相关的网络，传递的是知识与技术性问题。情感网络传递的资源是精神上的相互支持，有情感关系的人往往有影响力，这正是非正式权力的基础。情报网络传递的是信息与资讯本身。

在公司管理方面，这几种微妙的关系都是需要着力维持的。

改善组织内部的关系网络，首先是使公司内部的信息流通顺畅、员工之间能频繁地互动。具体的方法有建立部门间沟通的正式和非正式渠道，鼓励员工坦率地表达意见，鼓励员工之间的合作和相互咨询等。

在淘宝网公司内部，每个员工的电脑上，往往会装着三套即时通讯工具软件，而这三套工具，现在都是阿里巴巴旗下的产品，也就是雅虎通、贸易通和淘宝旺旺。之前一些和外部业务联系特别多的员工，可能还会装一套MSN，但却不见市场占有率最大的QQ的踪迹。这么多的软件，大部分可能都被用于和自己人沟通——可能和雅虎的同事沟通用雅虎通，和阿里巴巴的同事沟通用贸易通，和淘宝的同事或者会员沟通用淘宝旺旺。这样是为了提高沟通效率。

对于公司的领导者来说，错误的关系管理譬如任用亲信、培养班底对公司的整体关系网络的健康有极大的危害。危害首先是促成别人也结成小圈子自保，结果公司内派系林立。如果企业领导者对一群人特别好，这群人经常围绕在身旁，虽然他可能并不是要故意疏远别人，但其他人已经认为那是某人的小圈子，而自然地疏远开去。最严重的情况就是所谓"鲨鱼群"现象，一群人把企业领导者团团包围住，隔绝领导者与其他人的接触。这时，即使领导者有抱负与雄心，但了解的信息却都是单方面的，甚至是被篡改的，很可能会作出错误的判断。

人际"布朗运动"

悬浮在液体或气体中的微粒所做的永不停息的无规则运动，叫做布朗运动。这个由物理学延伸到财务学都能使用的概念，现在也用在人际关系之中了。

很多时候，团体内部的交流，一旦管理者缺乏足够的控制力，就会陷入琐碎和无聊的境地。每个人都在说话，但是每个人都在说自己想说或者纯粹无心说的话，而没有聆听，更不要说理解对方的话了。这样交流不畅的情况，几乎每天都出现在CBD的各种公司之中。而越大的公司里面，这样不靠谱、低效率的会议就越多。

要解决群龙无首大家自说自话的布朗运动带来的杀伤力，管理者必须高度重视，拿出雷霆手段。协调者可以根据项目要达到的预期目的制定议程安排，促使小组人员关注主题，掌握时间进度，通过表格和白板书写保证信息的分享和记忆，或专门有人进行这项工作。管理者可以通过适当评论简单阐述和结果相关的事情，并保持重点。最主要的是，及时提醒大家，讨论执行优先于讨论决策。管理者判断哪些议题值得讨论以及讨论需要的时间，同时在适当的时机可以直接建议继续进行下一个议题。

在团体之中，经常看到的还有一个现象就是随声附和。通常，只要是公司领导说的话，往往有一群不知所谓的人拼命点头一味赞好，然后是大家"捣糨糊"。到头来，决策是否正确还是取决于领导本身水平的高低，决策对了固然好，决策错了，也没有人能够及时纠正。长此以往，焉能不败！管理者为了避免这样的无聊境地，自己也得多个心眼，例如，不要搞形式化的征询意见，搞"有人反对吗？好，我们继续"之类的发问，而应该真的有讨论求证之心，鼓励发表不同意见。当然，在对各个议题发表意见之前，可以请每个人思考一下自己的观点。或者，也可以分成小组，先小范围对问题进行独立的思考。

2007年在湖畔学院演讲时，马云回忆说，阿里巴巴创立初期，有一段时间，他将意见提交给整个团队讨论。不过有趣的是，"十八罗汉矛盾特别多，起初是吵架，后来吵也不吵了，就生闷气"。直到马云给他们约法三章，"如果彭蕾对李琪有意见，必须跟李琪谈一谈。打一架、吵一架没有问题，解决掉；如果解决不了问题，彭蕾找我，声明李琪这个事情错了，这个问题就shut up（闭嘴）。如果李琪不对，彭蕾觉得有问题却没有跟李琪讲，找了王五、张三，彭蕾就违背了游戏规则"。在他看来，大家能够在一个公司里面工作，是很大的缘分，吵架是为了把问题解决掉，这比"随声附和"要有益得多。

团队之中沟通，开诚布公很重要。在参加一次创业节目中，马云点评一位选手说，要开诚布公地跟团队沟通，要彻底、干净地把所有情况跟大家分享，承认自己的错误，同时跟大家一起来探讨接下来怎么做。

这是马云管理团队多年积累的经验，他说自己跟员工沟通也失败过。有一次，员工们问他工作和家庭怎么平衡，他一本正经地跟大家讲了一通，结果后来他越想越不对劲，因为他觉得自己根本没有将二者平衡好，而且在他认识的企业家之中，也没有人能真正将这二者平衡好。他觉得自己跟员工说了假话，便找机会跟大家道了歉。

　　当然，公司内部的信息沟通也好，企业之中的追求通畅也好，或是管理者与团队的沟通，道理是一样的，做起来却不容易，大家都得做好心理准备。

放眼世界看富豪

几年前流传过一封讲财富的电子邮件，很多年轻人看完之后，对世界的理解和对生活的看法大为改观。

邮件中说，如果把有着几十亿人口的世界看作是100人的村落，那么全村的财富，有6个人拥有其中的59％，而且他们几乎全都是美国人。有74个人拥有其中的39％，另外的20人分着剩下的2％。

再进一步的分析是，如果你银行里有存款，钱包里有闲钱，家中的角落还看得到零钱的话，那么，你就算是这100个人之中的8个最富有的人的行列了。如果你拥有一辆车，那么，你是7个最富有的人当中的一个。至于这个名为地球的村子的文化水平，就很一般。因为100个村民之中，1人受过大学教育，2人拥有电脑，还有14人不识字。

首先，你我都当然不属于最有钱的那6个人（6％），我们之中，暂时又没有几个是美国人。另外，要说属于分享2％这个低收入比例的20个人，大家还是有点不甘心，因为实在没有混得那么差。这30多年中国经济这么增长下来，大家怎么说都还算是随大流的，属于那拥有39％财富的74人队伍。至于按照第二种说法，是否能把自己算作8个最富有的人当中的一个，那就见仁见智。不过近年中国进入轿车社会，好多人不需要打肿脸充胖子啦，家里赞助也好，自己掏钱也好，买部二手车，由硬件条件而言，也就一口气进入了前7名，差不多能够紧随那6个有钱的美国村民了。

说到教育水平，那就真是有人欢喜有人愁。要知道，100个人里面，只有1个人受过大学教育，说明受过大学教育的人在6个富豪之中的比例也不过是小于或者等于1。不知道是富豪不喜欢上学呢，还是上学的人不喜欢赚钱？不过这些都不要紧，因为现代对于财富的解读很多元，有很多"热心"的机构，最热衷做的事，就是搞"排行榜"。

在商业社会之中，传媒上刊登的利润成本收益数字虽然重要，但是更加能够激起公众肾上腺素分泌的，除了股价指数，就是富豪排名榜了。

2012年3月8日，美国《福布斯》杂志公布了全球亿万富豪榜单前100名名单，中国香港的李嘉诚以255亿美元净资产位列第九位，力压印度首富穆克什·安巴尼，成为亚洲首富。大陆的李彦宏以102亿美元净资产位列第86位，成为中国内地首富。

以下是前10位的名单以及他们的家产：

（列表）

1. 卡洛斯·斯利姆及其家族（墨西哥）　　690亿美元

2. 比尔·盖茨（美国）　　610亿美元

3. 沃伦·巴菲特（美国）　　440亿美元

4. 伯纳德·阿诺特（法国）　　410亿美元

5. 阿曼西奥·奥特加（西班牙）　　375亿美元

6. 拉里·埃里森（美国）　　360亿美元

7. 埃克·巴蒂斯塔（巴西）　　300亿美元

8. 斯蒂芬·佩尔森（瑞典）　　260亿美元

9. 李嘉诚（中国香港）　　255亿美元

10. 卡尔·阿尔巴切特（德国）　　254亿美元

这一年的榜单，从上榜富豪数量上看，美国依旧领先，共有425名富豪上榜，较上一年增加了十几名。中国有95名上榜，较上一年有所下降，在总数量上位列第三，其中，有40名中国富豪落榜，22名中国富豪新上榜，其中内地15名，香港5名，台湾2名。

富豪也好，大商巨贾也好，不能光看钱财数量。例如，位列第十一位的沃尔玛家族有钱人成员的知名度和影响力，就不如很多身家排在他们后面的富人。

《福布斯》杂志说得好，正是这些富豪在左右着当前世界经济的发展。而此项排名与之前的世界500强等排名不同的是，除考虑各富豪的公司规模外，还着重考察其政治权势、影响范畴以及他们对社会公益事业的贡献。比尔·盖茨堪称全球"最大慈善家"，多年来共捐款几百亿美元，他尤其关注疾病疫苗方面的研究。

影响力同样巨大的是人称"华尔街股神"的沃伦·巴菲特。巴菲特在金融界江湖可是一言九鼎的人物，如果他看跌哪只股票，那只股票就一定难逃股价狂泻的命运。目前全球经济阴晴不定，想在股市赚钱难上加难，所以他的经济预言特别受到市场的关注。

2012年的影响力新贵是扎克伯格。他创办并且控股的Facebook上市了。扎克伯格是"80后"的成功代表，他凭着从小对计算机的天赋和热情以及在哈佛大学辍学创业的经历，被人们誉为"盖茨第二"。2012年5月，Facebook上市，以每股42.05美元/开盘，较每股38美元/的发行价上涨了10.6%，最后以每股38.23美元/收盘，较发行价上涨了0.61%。按收盘的价格计算，Facebook市值约为1047亿美元，超过了惠普、戴尔和亚马逊，而扎克伯格个人身家也一路飙升，高达190多亿美元。在2012年全球福布斯富豪榜上，年仅27岁的扎克伯格位列第36位，是福布斯富豪榜有史以来最年轻的白手起家的亿万富豪。

在《财富》杂志2012年10月11日公布的《2012"全球40位40岁以下的商界精英"》排行榜上，扎克伯格位列第二。此外，2012年福布斯榜单上仅有的3位30岁以下的白手起家的创业富豪，均来自Facebook。

看过排行榜，再回头看一则笑话。19世纪50年代，纽约的一个年轻爱尔兰移民给远在英国本土农村的父母写信，说他每周吃两次肉。他的妻子看了信之后，问他怎么不照实说，我们从早到晚，顿顿吃肉。他回答："他们不会相信我们能够过上这么好的日子的。"

还好，这样辛酸的日子总算比较远了。两相比较，当真是让人悲喜交加啊。

俗话说，天底下没有新鲜事情。富豪榜的事情，即使偶有新人黑马闯入，但是根本的趋势与游戏规则改变有限。例如，在2014年2月底发布的《2014胡润全球富豪榜》中，比尔·盖茨以财富4100亿元人民币重新成为世界首富。科技领域，美洲电信控股人斯利姆位居第四，甲骨文CEO埃里森位居第五，亚马逊CEO贝索斯位居第七，FacebookCEO扎克伯格位居第十八，科技IT领域领袖进入榜单的比例从去年的7.8%升到今年的8.2%。在大中华区，86岁的李嘉诚以财富2000亿元稳保"2014全球华人首富"宝座，全球排名第12位。王健林则以1500亿元资产位居大中华区第二，全球第26位。腾讯CEO马化腾以840亿元财富第一次进入大中华区前十位，排名第八，全球排名第70位。

第五章

管理是你的宿命

管理的目的是什么，管理我们员工去满足客户需求，而不是"管理是为了方便自己"。

——马云

千万不要认为管理是政府或者老板才需要考虑的问题。虽然暂时可能还没有一个国家、一个公司需要你管理，但是你必定也有自己的家要管，再不济，你是孤家寡人，一人吃饱，全家不饿，难道你自己的人生不需要管理吗？丁当作响的钱包，不需要好好管理一下吗？所以，管理从大处说为企业提供了必需的和有效的思考模式和工具，从小处说它更拥有可能改变一个人生活方式的潜力。管理无处不在。

第一节

你不能不管

管理在大学里成了一门学科，那些通过高考的孩子们坐在大学教室里学了一肚子管公司、管人的理论，初到社会，管的最多的大概也就是文件档案。管理学书籍在书店里拥有了自己的身份和地位，跟文学、艺术和电脑等书籍并肩。好在没有人能把所有这些书全都读完，那些让人眼花缭乱的管理概念或是人云亦云，或是道听途说，或有真知灼见，却也是见仁见智，未必人人都学到、会用。即便是对管理大师的概念作出的解释，也不见得就有标准答案——管理大师本身就是一个很可疑的标签。他们大作之中的观点，有些对现实商业世界的解释过于简单，有的略显天真，而有的则过于吹毛求疵。

或许这恰恰就是管理的魅力所在。一人的佳肴却是另一人的毒药，在有的人觉得它非常有用，肯定也会有人觉得它是浪费时间。在各种流行和时尚大行其道的商业领域，个人的主观态度将对他认识问题的角度、解决问题的办法起着最重要的作用。

管理的这种特性使得它自身成为有机可乘、大有可为的商机，因为开发某种商业思想总是与发掘其创造金钱的潜力形影不离。管理概念不仅仅是学问，对我们来说更重要也更现实的是，它已经成为了一门生意。

这是一个大师充斥的年代。以前我们只有文学大师、音乐大师、武术大师、宗教大师、精神导师，等等，但是我们现在有大量的励志大师，同时给上万人演讲、场面比演唱会还宏大的英语大师、金融大师、营销大师、广告大师、创意大师，自然也有管理大师。大师是我们所处时代的一种文化、一个现象、一个福音，在这个充满恐惧、疑惑和焦虑的时代，给我们带来希望之光和很多值得反思沉思的东西。

我们可以质疑商业界的大师们，他们是不是只是道貌岸然的游方郎中。

曾经有一家权威公司做过一项调查：用整整一年时间取样调查，许多公司只有15%的时间在为顾客提供服务，其余85%的时间所做工作对顾客而言根本没有意义。换言之，公司为了维护组织自身平衡稳定，将大量的时间和精力花在企业内部协调、开会、解决人事问题、处理各种管理纷争上了，此时企业组织变成了"为了存在而存在"，而不是"为了顾客而存在"。然而顾客却必须为15%

的价值向公司支付100%的货币。显然，这样的组织是没有执行力的，更是没有竞争力的。

传统管理中有一个根本的困境。有种说法是，1个人的有效管理人数是11个人，因此当企业规模变大以后，就出现了两难选择，如果要有效率，那就要放权，成立独立核算、机动高效的子公司，乃至孙公司；如果要独自控制，那管理者就必须有超凡旺盛的精力，1个人管100个人，就很可能因为个人状态失常而出现系统性风险。两者都有弊端，这将导致管理边际效率，即当企业规模大到一定程度后再扩大规模，在管理上增加的成本或损耗将超过规模带来的效益。

大企业病

过往十几年，国内很多企业都发表"忏悔录"，声称自己患上了大企业病。大企业病到底是什么病？为什么像海尔、联想、华为这样的龙头企业无一例外，都难逃此劫？

大企业病这个提法在国内最早出现，应该是来自2000年前后的空调企业科龙。在相继引进营销专家屈云波、宋新宇等空降兵后，科龙先是自上而下搭庙，再是从大到小换菩萨，轰轰烈烈地进行组织转型。也许是为了让这种变革进行得充分些，治理大企业病的提法被抬到桌面。在此之后，长虹、联想、华为都相继以根治大企业病为借口向自己开刀，你甚至可以把这看成一种运动，尽管其形式上很像当年的二次创业。不过，科龙没能解决好大企业病，没多久就被顾雏军吞并了，然后就迅速"泯然众人矣"。

英国学者诺斯古德·帕金森[1]讲过这样一则寓言：

一个平庸官员有三种选择，一是让贤，让更称职的人接替自己；二是找一个能干的人给自己当助手；三是任命两个不如自己的人做助手。人是有嫉妒心的动物，不愿让别人凌驾于自己之上。一般说来，平庸的官员不会采取第一种方法，因为这意味着他将失去权力和与之相关的利益；他也不愿意选择第二种方法，因为能干的人会得到上司的赏识，很快就会超越他；所以他宁愿把能干的人才压在底层，让其永无出头之日。于是两个平庸之辈被推荐到副职岗位上，分担了他的工作，他本人则高高在上发号施令，两个副手也上行下效，再找两个更平庸的人做助手。

上面说的，其实就是目前我们的大企业所要面对的问题，管理层里高才受制于低才，能人受制于笨伯。机构臃肿、人浮于事、相互扯皮、效率低下，这就是目前很难治的大企业病。

对这种现象，马云的看法是，"公司希望各种各样的人才，各种各样的性格和脾气都有，这才是一个优秀的、文化灿烂的公司。如果公司里面所有的人都是一样的话就麻烦了"。一个领导者应该能包容

---

[1] 西里尔·诺斯古德·帕金森（Cyril Northcote Parkinson），英国著名历史学家，生于1909年，曾就读于剑桥大学和伦敦大学，一生著书60余部，其中《帕金森定律》最为著名，被翻译成多国语言出版。

各种各样的人，而且领导者的技能一定不如自己的手下，"工程师靠技术吃天下，比尔·盖茨的技术比下面工程师水平高？不可能，泰森拳头硬还是教练拳头硬，估计泰森一拳教练就飘出去了，乔丹的教练篮球都不会打"。一个技能比手下强的人一定不是好的领导者。

如果管理者都按照这样的胸怀和眼光做管理，大企业病还真算不得什么大病！

管理者要操心的事情太多了

"只顾短期利益,任何人都能做到;只顾长期利益,任何人也能做到。如何平衡两者正是管理学的内容。"这是"世界第一CEO"杰克·韦尔奇的话。

管理的混乱冒险

面对着企业中步步惊心的管理陷阱,一个称职的管理者需要做些什么呢?

首先,管理人要跟这个组织中所有的人都搭上关系,最高境界就像是武侠小说中描写的绝代佳人临去时的眼波一转,让所有男人都面红耳赤,觉得佳人看到我了。倘若组织中所有的人都觉得自己同管理者有着某些特殊的、亲密的联系,所有的下属都沐浴过你管理的春风，管理者的基本工作就算是完成了。

其次，即使管理者是绝代佳人，而且眼风冷厉，能扫遍全场，但实在精力有限，不可能对每一个人都温言相加，此时便需要掌握一份有潜力的未来英雄榜，摸清他们的家底和来历。不仅仅要知道未来英雄们在想什么、在抱怨什么、打算改变什么，还要知道谁家高堂卧病在床、谁家宝宝嗷嗷待哺，这些细节在你打算打击报复的时候会成为致命的武器，在你意图收买人心的时候就成为最美味的甜点。

再次，如果这些未来英雄心中所想恰好与你不约而同，那么恭喜你，你可以把自己当作韦尔奇或者唐太宗、康熙皇帝都行，总之是尽情地鼓励新英雄、扶植新英雄，让他们去"追求目标"，在他们遇到困难的时候全力相助。新英雄竭尽全力完成任务，必然更加感激你的知遇之恩、救助之情。

当然，你还要及时地推波助澜，将商界英雄的事迹在你的演讲、公司简报中再三再四提起、大肆宣扬，以最热烈的情绪表达你的欣慰和赞美，让英雄们连升三级、加工资、得期权、出入有公车代步、每年有带薪假期，满足一下他们登山下海的潜在小资心愿，让他们名利双收，让更多举步不前、彷徨不定的人对你赏罚分明的做法心向往之。

年复一年，更多的商业成功、更多的动人事迹得以循环往复。人心齐，坚不可摧。

除了这么抒情的说法，民营企业家金蝶软件的创办人徐少春总结归纳得比较全面。

2013年是金蝶软件成立20周年，虽然金蝶不算是规模非常大的公司，但也是一家上市公司，且在细分市场上有较大的影响力。这种本土公司的管理，与外企、国企都大不一样。他特别提到，管理一个企业，其实考验的是组织能力的三根支柱。

哪三根呢？徐少春解释，第一个是员工的思维模式，这个是企业文化，就是员工的脑子里想的东西跟老板想的东西是不一样的，他怎么去思考问题。

这一点，与马云的观念不谋而合。马云说阿里巴巴的核心竞争力是其企业文化和价值观，这也是阿里巴巴团队强大凝聚力的根基。有些企业特别强调制度的重要性，但马云认为文化比制度重要得多，"一个优秀的国家和优秀的企业必须由文化来做。大家一直认为，美国的强盛是因为美国有很好的制度，但是美国的强盛离不开它的基督教文化，它有文化、有宗教信仰，整个法制是基于完善和补充整个基督教体系的。假如没有一个很强大的文化体系，东拼一些，西拼一些，拿一些国外的法律制度未必能解决我们的问题"。换言之，制度是去补充文化的。

徐少春讲的第二根支柱是员工的能力，就是每一个员工自身的能力很重要。能力又分成核心能力和专业能力。核心能力更多的是讲素质，一种看不见的东西；专业能力就简单了，就是对相关专业知识的了解，知道怎么应用。

第三根支柱是员工的治理，怎么去管员工，游戏规则是什么。

中国企业，差的常常就是这个管理体系方面的组织能力。例如，过去有些时候有些企业，会神经质地片面强调企业文化，其实企业文化只是管理大局中的一部分。通过管理建立一个组织，就会产生企业的持续竞争优势。

法约尔的管理思想与泰勒的管理思想都是古典管理思想的代表，但法约尔管理思想的系统性和理论性更强，后人根据他建立的构架，建立了管理学，并把它引入了课堂。

法约尔认为，企业无论大小，简单还是复杂，其全部活动都可以概括为六种：

a. 技术性的工作——生产、制造。

b. 商业性的工作——采购、销售和交换。

c. 财务性的工作——资金的取得与控制。

d. 会计性的工作——盘点、会计、成本及统计。

e. 安全性的工作——商品及人员的保护。

f. 管理性的工作——计划、组织、指挥、协调及控制。

法约尔管理思想的另一内容是他首先把管理活动分为计划、组织、指挥、协调与控制五大职能，并对这五大管理职能进行了详细的分析和讨论。

法约尔在他的《工业管理与一般管理》一书中首先列出了一般管理的14条原则：

a. 劳动分工；b. 权力与责任；c. 纪律；d. 统一指挥；f. 统一领导；g. 个人利益服从集体利益；h. 合理的报酬；i. 适当的集权与分权；j. 跳板原则；k. 秩序；l. 公平；m. 保持人员稳定；n. 首创精神；o. 人员的团结。

现在在这些略显沉闷的原则之后，还是让我们看看那些已经被证明是管理成功的具体案例吧！

卓越的管理之道

历史上，成功的企业很多，依靠管理成功的企业也很多，但是，真正称得上卓越管理的，却不是很多。本节是在数百家企业的管理经验之中精心提炼的精华，希望能对创业者起到触类旁通的作用。

关注一美元的价值

1962年7月，在美国西北部一个叫本顿维尔的小镇上，一家名为Walmart（沃尔玛）的普通商店开业了，店主是44岁的退伍男子沃尔顿。50年后的今天，沃尔玛已成为全球最大的商业连锁集团，在《财富》500强排名中，沃尔玛始终名列前茅，几次超过微软名列世界第一，这也是历史上生意做得最大的一家公司。

富豪排行榜上，沃尔顿的兄弟姐妹是常客。沃尔玛经营宗旨精髓，其实和我们大量轰炸的广告差不多，那就是"便宜量又足"。老板沃尔顿常常告诫员工："我们珍视每一美元的价值，我们的存在是为顾客提供价值，这意味着除了提供优质服务外，我们还必须为他们省钱，我们为顾客节约了一美元，就使自己在竞争中占先了一步。"

老沃尔顿真是身先士卒，率先示范"省钱"的标本。据说他从不讲排场，外出巡视时总是驾驶着最老式的客货两用车，需要在外面住旅馆时，他总是与其他经理人员住一样的房间，从不要求住豪华套间。

为了保证商场里卖的产品都是最低价格，沃尔玛采用了全球采购战略，"低价买入，大量进货，廉价卖出"。随着中国成为劳动密集型产品出口大国，在沃尔玛里要想找出一件不是中国制造的产品还真有点困难。虽然在国外经常听到爱国的华人拍着胸脯说，沃尔玛就是靠剥削中国工人的劳动力赚钱，作为一个有良心的中国人，一定要抵制沃尔玛，不去买东西。不过到了周末，沃尔玛里东北话、四川话依旧此起彼伏。

这年头，便宜就是硬道理，在保证质量的情况下，越便宜消费者越买账，尤其是在中国，要想占领市场，抢占客户，价格战是不可避免的。2012年，京东商城、苏宁易购等几家电商的价格战打得异常惨烈——你卖5元，我就卖3元，你卖1元，我就不要钱，死磕到底。再往前说，假如当初阿里巴巴下属的淘宝网与eBay易趣一役，马云没有使用"免费"这一招，恐怕今天中国的B2B、C2C市场就是另外一番局面了。淘宝建立至今，马云始终坚持"免费"机制，为的就是培育客户、培育市场，这也是其他同类电子商务公司无法与淘宝抗衡的主要原因。

任何一家发展壮大、基业长青的公司，无不是谙熟消费者心理、谙熟人性的，沃尔玛是这样，阿里巴巴也是这样。

IBM的脱胎换骨疗法

20世纪90年代初，像所有的垄断者一样，曾经是世界顶级企业代表的IBM开始变得官僚起来。比如，一个执行副总裁，尽管处于IBM的前50名高层领导行列中，但是他与董事局主席之间，还至少存在七个管理层。

而在很多获利10亿美元的大公司中，看门人与董事局主席之间也没有七个管理层。

超级救火员——郭士纳确实是受命于危难之间，他火线上马担任IBM的救亡CEO。在他那本流传很广的《谁说大象不能跳舞》一书中对此有生动描述。

"1993年4月26日这次年会对我来说无疑极具挑战性，IBM的股东们都十分生气而且几乎要吃掉我——IBM的股价从1987年的每股43美元，下降到召开股东会议那天的每股12美元。本来我希望自己像所有的管理理论所建议的那样，不要在刚上任的最初90天内做出任何重大的决策。但是我发现，这些建议只能发生在理想的理论世界中，公司正在大出血，核心问题就出在S/390主机。

在接下来举行的客户会议上，我宣布了公司下调主机价格的重大决定。正是该计划拯救了IBM。IBM销售给客户的主机数量1993年比前一年下降了15%，但降价后的1994年上升了41%，1995年又上升了60%。这以后直到2001年，业绩年年上升。这意味着IBM已经起死回生……"

除了一些略带夸张的文学笔法，对这场变革的描述，他的描述还是接近事实的。

"降价对于公司的生存固然十分重要，但我知道，这还远远不足以打造一个充满活力的、发展和成功的公司。IBM所有的业务流程都臃肿又浪费，我们还需要对之进行彻底改造。这种改造持续了10年之久，而且随着项目的不断拓展，公司内部几乎所有的管理流程都发生了变化。公司首席财务官杰里领导了这场再造，他通过指明一些明显的浪费现象，1993年当年公司的开支就削减了28亿美元。之后公司自上而下裁减冗员，并对库存系统、财务系统、执行系统以及配送系统等都作了大大小小的修改。"

如果对他执掌IBM过去10年的改革历程做一个总结，郭士纳认为可以归纳为两大赌注：一个是对行业发展方向的赌注；另一个是对IBM自身战略的赌注。

他认为，顾客将逐渐看重那些能够提供整体解决方案——能够将各种供应商所提供的电脑零部件进行整合的技术方案以及（也是更重要的）能将技术整合到一个企业流程中的公司。

而且他还预感到，未来将出现一种网络化的计算机模式，这种计算机模式将代替1994年出现的个人电脑主宰世界的局面。接着就是网络世界的到来，这一新的景观将改变人们的购买决策。为此他们不得不做大量的准备工作并承担巨大的风险——IBM开始持续不断地开拓他们所有的产品，并着力打造服务业务。

1996年，郭士纳将服务单位分离出来成为一个独立的机构，这就是IBM"全球服务部"。那年服务部在IBM中是一个价值74亿美元的业务领域（不包括主机），到2001年其价值上升为300亿美元，而其员工总数大约为IBM总员工人数的一半。

现在IBM的软件集团已经是世界上最强大的软件公司之一，2011年9月30日，IBM以2140亿美元的市值，超越微软，成为全球市值第二大的科技企业。

更令IBM振奋的是，2011年3月，一向不投资科技股的股神巴菲特竟然破例开始建仓IBM股票，持续买入了6391万股IBM普通股，巴菲特对IBM的持股占IBM总股本的5.5%，在其投资组合中仅次于可口可乐，同时伯克希尔·哈撒韦公司也成为IBM的大股东之一。

IBM有什么魅力让主张不投资科技股的股神改变投资观念？在投资之前，巴菲特对IBM作了各个方面的调研，例如，IBM公司中IT部门的地位，IBM拥有优势地位的原因，IBM客户黏性高的原因等，他发现，IBM在未来规划、海外市场发展、战略执行能力等方面都非常出色，可持续竞争优势非常强，完全颠覆了他之前对IBM的看法。

显然，郭士纳以及他的继任者做得很漂亮。

台积电的顾客导向加学习型组织

我国台湾的"最佳管理企业"这个称号，很多年内都是台积电独霸，而且台积电在管理方面的得分把第二名远远抛在后边。近年国际市场疲软，代工企业效益下滑，跟其他上榜公司相比，台积电的获利能力并非特别出色，但是在企业策略、财务管理、注重股东价值与企业管理等多个方面，都被公认为最优秀的公司。

台积电是台湾股市的指标龙头股，屡次获得管理方面的高度评价，这离不开领军人物张忠谋的影响。张忠谋多次当选台湾"最值得长期投资的企业家"和"最杰出的企业家"。据称，张忠谋在公开场合的每一句话都是台湾媒体追逐的焦点。

张忠谋生于1932年，原籍上海，曾就读于美国哈佛大学，先后在麻省理工大学和斯坦福大学获得学位。1958年，张忠谋进入美国德州仪器公司。在此期间，他把当时很不稳定的半导体设计加以改良，提高了效率，由生产线的工程主管节节高升，最后升任副总裁。 1985年，张忠谋辞去在美国的高薪工作返回台湾，两年后创建了台积电公司，成为全世界第一家专业为其他厂商供货的半导体制造商。

如今，台积电晶圆全年的总产能已高达430万片，全年营收已达4195.4亿新台币，占全球晶圆代工市场份额的60%。

但是当年英特尔来台湾准备找工厂代工生产晶圆的时候，看出台积电有266个缺点，因此不让它做自己的代工厂。

做英特尔的代工厂是大为有利可图的，台积电倒也争气，半年后就将缺点降为66个，再半年后，只剩下6个。这一则逸事告诉我们，台积电最令人值得称道的不是一股可分配多少盈余，股价会涨到多少，而是企业在张忠谋的领导下呈现出的优秀管理能力，这才是真正的核心优势。

台积电成立之初，张忠谋就决定了它的发展方向——做世界一流的企业。他沿用他最拿手的美式管理方法，例如门户开放政策。他办公室的门80%的时间都是开着的，中层行政人员可以随时到办公室和他聊天或讨论对公司有关政策的看法；他也经常直接指示中层行政人员，以加强政策落实或执行效率。

张忠谋曾经卸任总经理专任董事长，行政管理由他以前在德州仪器公司的老部下布鲁克接任。前几年，布鲁克离职，给台积电在台湾的一家主要竞争对手挖去做了总经理，于是，张忠谋再次披挂上阵，担任总经理。他不是被动消极应战，而是借机发挥。张忠谋花了一年的时间，就带领台积电由过去的以制造为导向转型为以顾客为导向的企业。

所谓的客户导向，就是客户要什么，公司都极为重视，想尽办法去满足客户的需求。张忠谋以身作则，不断拜访客户，与客户讨论，并时常告诉部下："顾客的价值最大。"

客户是企业的衣食父母，很多企业都认同这个观点，但是这些企业中的大多数往往只是将口号挂在嘴上，而不是像张忠谋一样将客户导向付诸行动，更不会像马云一样将客户放在企业的组织架构中。

马云的办公室里有一张组织结构图，呈倒三角状，最上层是客户，其次是员工，然后是中层干部，最下层是CEO。他毫不掩饰地说，员工很重要，但员工绝对没有客户重要，客户会指出阿里巴巴哪里好、哪里不好，"所以我最怕见的不是股东，而是我们的客户"。

一个组织要不断创新，必须先成为一个学习型组织。台积电之所以能不断累积知识，并转型成功，就源于张忠谋塑造了台积电人热爱学习的企业文化，因为，不学习、一成不变、没有进步就会被淘汰。

台积电的特点之一，就是主管会不断给员工加码，每个员工要不断快步走，因为有很多竞争者想进来。台积电没有打卡制度，内部却自然有一种自己不努力学习工作就会被淘汰的共识。

台积电人事部下有一个学习发展部，不断为台积电人安排各种训练课程。每一个新进人员一进台积电，学习发展部就会先让他了解他要做什么事情，等他能把事情做好之后，公司再安排他进修。有一年，台积电办了800个训练课程，参加课程的人次高达3500人。

台积电另外一大成功管理是知识管理。他们把组织内的经验、知识有效记录、分类、储存、扩散和更新，而不仅仅是像过去那样只将经营的目光放在有效管理资金、设备、产品、人员上。

　　台积电在短短20年内，迅速扩建了五个工厂和两个海外子公司。这种超常规扩展得益于台积电自身管理的不断提升。台积电内部的《教战手册》非常有效，只要工厂一建好，机器一搬进来，新技术员就能马上学习到《教战手册》的内容，很快就可以上机生产。《教战手册》会提醒技术员上机时可能会碰到什么困难，要预先避免犯错。这种教战手册把既有经验记录传承下去，不会因为有人离开而让经验中断。

　　即使开股东会，台积电也能够找到合理模式。譬如股东大会该怎么办，每个人要负责什么事，都列入文件档案中。同时，每年办完股东会，公关部门会再开检讨会，并将每年讨论出应该改善的项目列入档案中，让旧工作手册有更新的机会。

　　早在台积电一年赚200亿元新台币的时候，就有人问张忠谋："台积电获利有40%，一定会吸引竞争者投入，你如何应付？"张忠谋回答："市场是大家的，你不能限制别人不能做，你要反过来自己要求自己。"联电常常挑战台积电，他却不响应，因为他用以参考的都是世界最好的企业，不断地向标杆学习，不断提升自己的水准。

　　例如，张忠谋采用了一套新的人事考核制度——PMD（Performance Management and Development，绩效管理与发展）。这套制度就是要给成绩特别好和特别不好的人都贴上标签，过去主管绩效评估的分布只要有1%的不好即可，现在要有5%的不好；过去只要有5%的特优，现在要有10%的特优，换句话说，这就是张忠谋的震撼疗法，用以提醒身处顺境、奖金又多的台积电人不要变成公务员。借着这种新制度，张忠谋把危机意识植入每一个台积电人的头脑中。

张忠谋以"愿景、文化、策略"作为支撑台积电的基石，所有人都可以轻易接触到有关台积电的十大经营理念。张忠谋一直相信，领袖最重要的任务是承载愿景。当领袖最重要的是他的个性、特质，眼光与坚持，这些决定别人要不要相信他、愿不愿意跟随他。

笔者之所以不厌其烦地介绍台积电这种管理文化，是因为其很有代表性。内地的IT企业，也正在跟随走上与台积电同样的美式研发生产道路，例如华为。对于一般的商业企业来说，这些经验是否完全适用，还是一个值得探讨的问题，然而，客户导向、学习型组织以及绩效管理这些追求卓越的原则，还是值得创业者借鉴的。

世界级的GE玩法

韦尔奇自1981年至2001年担任通用电气公司（GE）总裁，不仅在公司内拥有至高无上的个人魅力，更是商界的传奇人物。韦尔奇1981年成为该公司历史上最年轻的董事长兼首席执行官，在随后的20年中，他一天都没有停止变革，他不仅为GE的股东创造了巨额财富，使GE成为全球第一大公司，还塑造了最优秀的企业文化，把一个历史悠久的工业帝国转变成为富有朝气与活力、善于变中求胜、发展潜力无穷的公司楷模。他的成就重新定义了现代企业管理，在20世纪结束的时候，他因此获得了"世纪最佳CEO"的美誉，几乎成为所有CEO效仿的典范。

其实，GE的成功，并非只是由韦尔奇开始。

在20世纪20年代到30年代建立GE的菲律浦·杨（Philip Young）和杰拉尔德·斯沃普（Gerald Swope）组建了一个极为有效的高层管理班子。斯沃普负责工程、生产和销售，杨则负责财务、政府关系、国际事务和公共责任。据传说，这两个人互相不喜欢对方而且很少交谈，但他们很注意互相通报他们所有的活动，在一个办公室中进行的各种事务，另一个办公室在一两天内就知道了。GE中有一些老人认为，这种没有人情味但组织得很好的制度，比起第二次世界大战以来接替斯沃普和杨的经常开会和个人密切联系的高层管理班子工作得更好。换句话说，尊重工作任务并明确了解任务是什么以及由谁负责，是有效的高层管理的基础。

GE认为，这个营运系统的推动力就是GE的软性价值观——信任、不拘形式、简化、无边界的行为和乐于变革。这个体系将使通用电气取得它们在单兵作战的情况下所无法取得的业绩水平和速度。

韦尔奇认为每个组织都需要有价值观，精干的组织尤其必要，公司领导必须在众人面前挺身而出，坚持不懈地传达价值观，价值观的形成是长远的挑战。韦尔奇从1985年开始，在公司年报中增加了价值观的声明一项，就是他这一看法的体现。

为使公司更有竞争力，GE致力于构筑"无界限组织"，建立一个流畅和进取的世界性公司。其观念和行动的变化是化繁为简，向小公司学习，压缩规模，10年裁员35％；减少层次和流程，从董事长到现场管理者之间的管理级别数目从9个减到4至5个，管理层中的二、三级部门和小组完全删掉。公司实行垂直为主的矩阵式、扁平化组织管理，各事业部的领导人直接向CEO及其副手汇报。

现在，GE的最高层经营班子仅有3人，总部机关只有5个职能部门（人力资源、研究开发、法律、信息和财务），却非常有效地控制着公司所有的重大决策。"无边界"行动将大公司的雄厚实力、丰富资源、巨大影响和小公司的发展欲望、灵活性、激情较好地结合起来，消除了官僚主义，激发了管理者与员工的热情，使得大家共同承担责任，相互合作；同时，这还有助于加强与顾客和供货商的联系，消除公司的外部界限。比如，他们让供货商参与设计及生产过程，如发展新的超声系统时请医生参加。GE的"无边界"行动，是基于他们对速度与效率的推崇与追求。因为，GE人意识到，更快的速度，给公司带来的不只是直接的商业利益，还有更大的现金流量、更强的赢利能力和更高的市场份额。尽管韦尔奇直接接受各事业部领导的汇报，但他能够做到所有投资决策在上报当日就可得到答复，绝无"研究研究"之说。1989年，GE只用3天就完成了与英国GEC集团的签约就是一例。

GE经营者对"管理"的理解是"越少越好"。他们对"管理者"

重新进行了定义：过去的管理者是"经理"，表现为控制者、干预者、约束者和阻挡者；现在的管理者则是"领导"，表现为解放者、协助者、激励者和教导者。GE的"不去管理"，并非认为管理者可以对员工自由放任，而是强调不要陷入过度管理之中。杰克·韦尔奇把管理行为界定为：清楚地告诉人们如何做得更好，并且能够描绘出远景构想来激发员工的努力。用他自己的话说，就是"传达思想，分配资源，然后让开道路"。激发热情的方式，是允许员工们有更大的自由和更多的责任。在GE，有两种人必须离开：一是违反道德原则的人；二是控制欲强、保守、暴虐和压制别人并不愿改变的人。这种"不去管理"的理念，造就了一大批优秀的管理人才，他们充满了活力。

一位管理学院的朋友私下说，GE的管理团队实在很强，所以韦尔奇的成功经验怎么说都对，一般的企业自己知道自己的弱点，不太容易模仿和克隆，因此敬而远之。韦尔奇能够在竞争激烈的GE之中屹立不倒，安安稳稳做到退休，而中国企业缺乏新陈代谢机制，很多企业家往往是能上不能下。

这可能只是原因之一。更深层的原因，还有GE的接班人机制。韦尔奇的接班人"三年选秀，成功立嗣"，对于很多看中国历史天天想着帝王之术的中国人都很有吸引力。津津乐道其企业管理手段的人往往不是企业人，而是数目众多的中下级小公务员或者白领。这种趣味和多年前看胡雪岩，多年前大谈康熙的心态基本是差不多的。毕竟中国经济发展迅速，每年都有赚钱故事出现，对于快速发财的议论成为社会的一种宣泄和沟通渠道。说实话，在股市大起大落，目睹金融风暴后香港负资产一族的惨状后，国内相信自己能够暴富或者成为民营企业家的人已经越来越少，现在读韦尔奇，不过是往日读金庸武侠一样的集体无意识投射。即使做不到大侠，娶不到美女，心里想想也好。而看财富排行榜，看巴菲特、韦尔奇怎么说，纵然做不到那样的境界，增加一个谈资也好。

成功的企业往往有着很多相同之处，纵观GE的成功原因，与阿里巴巴有颇多相似之处，例如对价值观的重视。

阿里巴巴最值钱的东西是什么？马云说是价值观，"我们的员工来自11个国家和地区，他们有着不同的文化背景，是价值观让我们可以团结在一起，奋斗到明天"。"使命、价值观、目标是任何一个企业、任何一个组织机构一定要有的东西，如果没有这三样东西，你走不长、走不远、长不大。"

阿里巴巴的"六脉神剑"就是阿里巴巴的价值观：诚信、敬业、激情、拥抱变化、团队合作、客户第一。而马云始终是这六大价值观的守护者。

2011年，马云无意中觉察阿里巴巴的员工可能涉及欺诈问题，后经过调查，阿里巴巴B2B公司有近百名（占公司员工总数的2%）销售人员及部分主管，为了追求业绩故意或是疏忽让一些骗子公司绕过阿里巴巴的诚信体系而加入供应商队伍。这让马云一度很愤怒和痛苦，因为这种"触犯商业诚信原则和公司价值观底线的行为",是"对更多诚信客户、更多诚信阿里人的犯罪"。

为了坚守公司的价值观,在纠结和痛苦中,马云挥泪解聘了阿里巴巴B2B的CEO卫哲,他说:"卫哲离职这件事,不是因为卫哲犯了什么错,不是因为昨天出了什么错今天去弥补,而是为了防范未来再也不出这些事。如果我开除一个人只能拯救一个人、教育一个人,就不用开除了;但是如果开除一个人能够拯救一百个人,应该立刻开除掉。过去,人家都觉得阿里巴巴的价值观是虚的,我们讲了那么多年价值观、文化使命感,人家觉得阿里巴巴太忽悠人了……其实今天这么做就是想告诉世人该怎么坚守价值观。"

中国富人活得不赖

　　这边，更多年轻人津津乐道的是，房地产教父王石登山，搜狐CEO张朝阳加入顶级私人俱乐部，营销怪杰潘石屹"触电"演戏加主持，"中国首善"陈光标高调做慈善，连马云也开始痴迷太极拳。几年前，马云开始接触太极拳，还专门在太极拳发源地陈家沟找了一个大师学习，只要有时间有空地，就会打上两下。他崇拜太极宗师杨露禅，经常天马行空地给杨露禅编故事，还说要拍成电影。2011年，马云还和李连杰成立了一个太极禅文化推广公司，说要把太极拳推向世界。还有一些财富人士没事就出出海、钓钓鱼、打打高尔夫、会会亲朋故友，过着世外桃源的生活。

　　说白了，中国的富人们，不乏已经提前上岸，开始不计成本地享受人生了。当然，其中最潇洒的，莫过于既登顶珠穆朗玛峰又热衷于滑翔伞的王石了。

过去很长一段时间，中国的富人们被外界看成是没文化的暴发户。几年前，美国《时代周刊（亚洲版）》刊出了一篇文章，对包括王石、黄巧灵等在内的国内企业家进行一番品评，在作者的笔下，一批中国富人活脱脱就是粗俗的暴发户。例如，一个昔日的"穷光蛋"用1000万美元"建造了自己的私人'白宫'（为宋城集团旗下一仿真旅游项目，也是宋城集团办公所在地）和'椭圆形总统办公室'，每天的伙食是煎鳗鱼、焖海藻和炖蚝……充分享受着穷奢极欲的每一分钟"，并对来访的美国记者说"没钱你在中国算个啥"，"现在谁能和我相比"。

笔者一位在深圳开广告公司的王姓朋友跟《时代周刊》记者介绍他每个周末招待客户要吃1000美元晚餐的事情，也被一份北京报纸拙劣的中文翻译张冠李戴，算到了王石的头上。

后来，被访的企业家纷纷发表声明，称《时代周刊》的文章与事实不符。抛开其中的是是非非不说，事实上，中国是有一批暴发户，但是随着社会的进步，越来越多的富人，已经不仅仅是暴发户了。

追求富裕，几乎是现代人的本性。

财富不论其性质、归属，由谁掌握，只要来源正当，获取途径合法，在商业社会就会得到保护和尊重，这是一个现代国家的共识。

中国搞改革开放，目的就是让人民群众富裕起来，鼓励人民合理合法致富，这个感觉真不赖。

市场经济下的商业成功和致富，有两个关键点。

首先是起点的公平，其次是过程的公平。起点的公平意味着机会的平等，在机会均等的情况下打拼的是个人能力。建立在公平竞争基础之上的富翁就是受人尊敬的富翁。

同样残酷的是，起点公平、过程公平并不能保证结果平等，因为即使公平竞争也会有输赢，但因为公平竞争本身包含了起点公平与规则公平，所以这种输赢是公正的结果，不平等是可以接受的。

只要按照合乎公意的规则竞争，所有人都有权追求自己的利益，获胜者成为富翁，应该感到自豪，更无"原罪"之说。相反，过程不公正肯定导致结果不公正，公众难以接受也可理解。要做成功的企业家，自然不能干那些见不得阳光的台底交易。

因此，希望本书的读者能跳出那些似是而非的对商界神话和传奇的津津乐道，认真研究分析，从而形成自己的商业思维。

第六章

在营销中怎么"击中"客户内心

能打动用户的,只有你自己真实的东西。套话谁都在说,你说的不烦人家听得都烦了。营销需要的是一个人,一个聪明的人,而不是一台三四十块的复读机。

——马云

先由史上最厉害的一位售货员说起。

一个乡下来的小伙子，应聘到一家号称几乎是"世界最大"的"应有尽有"的百货公司做销售员。他自我介绍说以前是挨家挨户推销的小贩。老板看他老实，就决定给他一个机会，说："你明天可以来上班试一下。等下班的时候，我会再来看是否录用你。"

一天的光阴对这个乡下来的穷小子来说太长了，而且还有些难熬。但是年轻人还是熬到了下午5点，差不多下班时候。老板来了。

老板问："你今天做了几单买卖？"

"一单。"年轻人很恭敬地回答说。

"只有一单？"老板有点失望地说，"我们这儿的售货员一天基本上可以完成20到30单生意呢。你卖了多少钱呢？300美元？500美元？"

"300 000美元，"年轻人继续恭敬地回答道。

"你怎么卖到那么多钱的？"半晌才回过神来的老板问道。

"是这样的，"乡下来的年轻人说，"一位男士进来买东西，我先卖给他一个小号的鱼钩，然后中号的鱼钩，最后大号的鱼钩。接着，我卖给他小号的渔线、中号的渔线，最后是大号的渔线。我问他上哪儿钓鱼，他说海边。我建议他买条船，所以我带他到卖船的专柜，卖给他长20英尺有两个发动机的纵帆船。然后他说他的大众牌汽车可能拖不动这么大的船。我于是带他去汽车销售区，卖给他一辆丰田新款豪华型'巡洋舰'。"

老板大惊，追问道："这个顾客仅仅来买个鱼钩，你就能卖给他这么多东西？"

"不是的，"乡下来的年轻售货员回答道，"他是来给他妻子买卫生棉的。我就告诉他'你的周末算是毁了，干吗不去钓鱼呢？'"

撇开真实性不论，这个乡下小伙子，无疑是一等一的营销高手，其说服客户的几段对白，已经暗合了营销的基本理论。

网上，经常有人说马云是忽悠大师，这个看法马云自己并不认同。马云的逻辑是，自己不相信的愿景，那是忽悠；但是说自己相信的东西，就是传播梦想了。

马云显然是个营销大师。不过，他营销的，不是具体的产品，也不是对应的服务，他营销的内容因人而异：对股东，他推介的是公司无可限量的未来；对客户，他推介的是网商无边界的计划；对员工，他推介一份伟大而值得奉献终生的事业。实事求是地说，他的营销工作做得不错，而且更值得肯定的是，他许诺的事情，基本上都在阿里巴巴系统里实现了。不过，即使是马云，他的营销也有一个逐步深入的过程。我们要挑战他，跟上他，自然也应该由基础做起。

第一节

营销没那么难

营销理论与时俱进

被经理们奉为营销理论中的经典的4Ps，也就是产品（product）、价格（price）、渠道（place）、促销（promotion），出现于20世纪50年代末，风行半个多世纪。即使在2012年，大多数营销计划书都还是以4Ps的理论框架为基础拟订的，而且几乎每个营销经理在策划每个营销活动时，都难免要从4Ps理论出发考虑问题。

然而，随着市场竞争日趋激烈，4Ps理论显得不够用了，于是，20世纪80年代，美国劳特朋针对4Ps存在的问题提出了4Cs营销理论，强调和消费者有关的四个C：其一是消费者需求（Customer）；其二是消费者所愿意支付的成本（Cost）；其三是消费者的便利性

（Convenience）；其四是与消费者沟通（Communication）。这种以消费者为中心实施营销沟通非常合乎当时的消费观念。

20世纪80年代的最大特点是雅皮士和嬉皮士开始专业化包装。商业上的最大特点是各种讲究品质和趣味的品牌产品层出不穷：宝马、苹果计算机、索尼随身听、CK内衣、劳力士手表和各种名牌衬衫等。雅皮士认为自己不是炫耀性消费者，而是有着自由意志的财务保守派，是通过冒险精神推广社会观念的新新人类。对其他人而言，雅皮士是自信明快的新人类，这类人在精神上对任何事物都漠不关心，他们在各种商业环境之间来去自如，感兴趣的只是时兴和流行的事物。4Cs营销理论通过互动、沟通等方式，将企业内外营销不断进行整合，把顾客和企业双方的利益无形地整合在一起，一度甚为风行。

整个20世纪80年代，越来越多商人的成功是因为创造了品牌形象，他们或许自己都没有意识到这一点。在20世纪90年代，品牌慢慢成为对客户更有杀伤力的武器。最成功的品牌往往是因为其能提供品牌体验，想想哈雷摩托车做过什么，还有星巴克咖啡店做过什么。

由投入产出比来看，星巴克咖啡才是这个时代成功的典范。值得注意的是，星巴克根本不做广告，它的市场几乎完全是围绕着与咖啡相关的体验建立起来的。很多跟风的公司却做得很不怎么样。因为他们玩虚的这方面不是很行，不能提供消费者需要的体验。

想想看，哈雷公司的营销主旨多么不循规蹈矩，他们竟然公开说：我们不仅仅销售摩托车，我们更是在传播"哈雷"精神。而且哈雷摩托车真的吸引了一大批执着的顾客。2007年，哈雷摩托在美国占有56%的市场份额，而日本摩托车巨头——本田，在美国仅占25%左右的市场份额，2008年更是将其在美国的摩托车生产厂迁回了日本。诚然，从最严格的市场角度和产品的质量性能比来看，哈雷摩托车似乎并不比日本四大王牌摩托车——铃木、本田、雅马哈和川崎的产品好多少。但是，哈雷独出心裁，把体验营销这招使得恰到好处，明明是20世纪90年代的产品，却能让一群超龄美国青年重新找回了在20世纪60年代时的叛逆精神。

往近说，内地很多洋快餐店，在有意无意之间，标榜自己是一种小资中产的生活方式的一部分，也有点体验营销的味道在里面。

当越来越多的厂商开始创建自己的零售体验的时候，建筑设计师和室内设计师则是品牌的倡导者。Bose开了带有剧院的旗舰商店，以便消费者可以体验他们的产品；Lego创立了LegoLand主题公园和零售商店，在那里孩子们可以看到Lego制作的巨型恐龙和其他新奇事物；耐克也开办了耐克城，力图对消费者进行潜移默化的影响。

说实话，这些玩法，已经超出了4Ps和4Cs的边界了。

因为，4Cs以顾客需求为导向，但顾客需求有个合理性问题。顾客总是希望质量好、价格低，特别是在价格上的要求是无界限的。只看到满足顾客需求的一面，企业必然付出更大的成本，久而久之，会影响企业的发展。所以从长远看，企业经营要遵循双赢的原则，这是4Cs需要进一步解决的问题。

4Cs总体上虽是4Ps的转化和发展，但其被动适应顾客需求的色彩较浓。根据市场的发展，需要从更高层次以更有效的方式在企业与顾客之间建立起有别于传统的新型的主动性关系，如互动关系、双赢关系、关联关系等。

美国的唐·舒尔茨（Don E. Schultz）是西北大学商学院的整合营销传播教授，整合营销传播理论的开创者，他提出了4Rs营销新理论。4Rs阐述了一个全新的营销关系，它的四要素是关联（Relevance）、反应（Reaction）、关系（Relationship）和回报（Reward）。

例如，4Rs理论指出，现代市场营销的一个重要思想和发展趋势是从交易营销转向关系营销：不仅强调赢得用户，而且强调长期地拥有用户；从着眼于短期利益转向重视长期利益；从单一销售转向建立友好合作关系；从以产品性能为核心转向以产品或服务给客户带来的利益为核心；从不重视客户服务转向高度承诺。所有这一切其核心是处理好与顾客的关系，把服务、质量和营销有机地结合起来，通过与顾客建立长期稳定的关系实现长期拥有客户的目标。那种认为对顾客需求作出反应、为顾客解答问题、平息顾客的不满就尽到了责任的意识已经落后了。

要经营成功，赚取更大的利润，就得长期地拥有客户，不能干一锤子买卖。网络上的产品、财富和成就都是虚拟的，更加需要培养的是双方或者多方之间的信任和关系。

流失一个既有客户的损失可能需要开发六七个新客户才能获得，而越来越多的管理者提醒一线的行销人员，把顾客留在身边！

营销之中，得牢记优先与给你创造75％~80％利润的20％~30％重要顾客建立牢固关系。否则把大部分的营销预算花在那些只创造公司20％利润的80％的顾客身上，不但效率低，更是一种浪费，甚至会让你在不知不觉中被拖垮。

事实上，无论你使出浑身解数如何经营和运作，归根结底，都是为了推销你这个人，或者更加准确地说，是推销自己在商业环境之中营造的形象，让客户感觉到你的诚意，让竞争者感觉到压力，让自己的财富以最有效率的方式提升，这才是营销制胜之道。

通用汽车公司在推出土星系列轿车时意识到，广大的消费者对不够诚实的汽车销售代理和经销商提供的低劣服务已经厌倦。于是，通用汽车转换了营销方式，开始创建自己的经销网络，为客户提供了一种新的销售渠道。这一做法的结果是，客户对通用汽车的好评不断增加，订单成倍增加。新的经营方法的精髓，不再把汽车狭隘地看作是一件商品，而是认识到客户需要的实际上是一整套交通出行服务。土星系列产品的品牌拓展于是被定位在购买体验、服务与支持方面，而不是原来的单纯产品方面。这一做法将客户个人与买卖的过程因素放在了首位。

马云的营销之道

马云不经常谈如何做营销，但是他始终坚持的原则却正符合营销的本质——以消费者的需求为导向。

"客户第一"是马云多次强调的原则，"什么是好的企业，好的企业就是客户满意，员工幸福，股东觉得很放心"，"碰到灾难第一个想到的是你的客户，第二想到你的员工，其他才是想对手"。

阿里巴巴并购雅虎之后，外界一致认为雅虎的员工难以并入阿里巴巴文化，马云会大幅度裁员，因此很多猎头公司给雅虎员工打电话。在内忧外患的局势下，马云特意为原雅虎员工开了一次会议，在这次会议上提出了著名的"一块布理论"。

这"一块布"，是属于海尔的。这要从马云妈妈买空调说起。马云的妈妈从来没有买过电器，但是她却劝说马云买海尔的空调。马云反驳道：海尔的空调比别家的贵，而且它的质量不见得是最好的，其实所有牌子的空调都相差不大，为何偏偏买昂贵的海尔呢？妈妈却坚持要买，原因很简单：因为海尔的工作人员在安装空调的时候，会带一块布将地擦干净。就冲着这块布，妈妈坚持买海尔。

马云对原雅虎员工感慨地说："我们要学习海尔，海尔所销售的不仅仅是电器，还有上门设计、上门安装、回访、维修，还有上门服务时先套上一双鞋套，还有安装空调时先把沙发、家具用布蒙上，还有服务完毕再用抹布把电器擦得干干净净。"

他希望原雅虎员工也学习这种服务精神，要以高质量的优质服务来赢得客户的信赖，在其他互联网公司都在挖空心思赚客户钱的时候，他们挖空心思帮助客户，为客户提供高附加值的服务，寻求双赢。当然，后来雅虎中国也好，中国雅虎也好，这方面都没有做到位，所以人才还是流失了，业绩也不断下滑，最后公司在互联网业界也边缘化了。但是，这不表示马云说的道理与方法不对。他这一番思路，在阿里巴巴集团内部行之有效，只是到了一个较为陌生的市场就比较难操作了。

　　马云时常说，创造阿里巴巴的目的不是要自己成为百万富翁，而是要帮助客户成为百万富翁，我们不听分析师的、不听媒体的，只听客户的，客户说往哪里去，我们一定就往哪里去，只有客户成功了，阿里巴巴才会成功。

　　一直以来，淘宝网坚持免费政策，大量烧钱。这种"放水养鱼"的做法，不仅开拓了市场，而且使淘宝网与客户在相互磨合的过程中，真正了解到客户和市场的真实需求，解决了支付方法和诚信的问题，逐步建立起成熟的符合中国国情的C2C商场。对于培养用户流量、消费习惯和构建交易平台等淘宝网视为头等大事的问题，也都有了清晰明确的方向。这些对淘宝网的未来发展，是至关重要的。

　　在马云"以客户为中心"的原则背后，其实是网络营销模式中最强悍的口碑营销。在杭州第四届网商大会上，马云就分析说："'以客户为中心'就是前1万个客户是你CEO自己做，前10万个客户是你的团队做，前100万个客户是10万个客户去做。怎么样能够形成客户帮客户？那就是你创造的价值了。如果客户替你说好，就是真好；客户不替你说好，就是假好。"

有人问马云如何做自己的品牌，马云的建议是先做好服务，做好口碑，口碑比品牌重要得多。用户服务做好了，企业自然而然会成为一流企业，"每天要对客户多了解一点，每天要对客户服务得好一点，每天把自己放在客户的角度去做，这个才是真谛"。

第二节

建议？我需要的是解决方案！

理念不值钱

有人说马云是个有想法有点子的人，但是马云觉得，"理念是挺不值钱的东西，真正值钱的东西是你创造的价值，脚踏实地的结果。这世界上没有优秀的理念，只有脚踏实地的结果"。

马云与其投资人日本软银集团总裁孙正义一致认为：对一个企业来说，一流的点子加上三流的执行水平，与三流的点子加上一流的执行水平，后者比前者更可贵。

"战略不等于结果，战略制定了以后，结果还很遥远，还有很长的路要走。"理念与结果相比，对企业的生存和发展来说，显然后者更重要。任何一个企业，都不可能每天活在梦想中，实实在在的成果对企业来说才是最实惠的。

马云曾经多次在不同场合说过,阿里巴巴是"一支执行队伍而非想法队伍"。为了让执行力的作用发挥到最大,他宁愿阿里巴巴去执行一个不一定正确的决定,也不愿大家就某个想法优柔寡断,迟迟不作决定。因为即使决定是错误的,因为很快执行了,其教训也会被很快发现,便于企业及时改正。

阿里巴巴的团队执行力在互联网行业是非常高的,这与阿里巴巴的执行机制不无关系。据说,阿里巴巴的工作细则非常"细",具体到每个员工对每个客户或每个产品的具体做法,员工在工作的时候遇到常见问题,根本不用考虑,也不用麻烦别人,直接对照着每个执行细则执行就可以了。

今天的阿里巴巴,对于加入的新员工已经有了不成文的规定,马云要求他们不要随便给阿里巴巴提方案战略,踏踏实实将本职工作做好才是根本,不要动不动就说要改变世界,"其实你什么都改变不了,最重要的是改变自己。只有你改变了,这世界才会改变"。

靠"点子"生存的时代一去不复返了

曾经不止一次在企业中看到,一些青年员工或者外来的高参,慷慨陈词地对高层建言,指出公司现存的若干种弊端,再不改革,必然万劫不复云云。而这个时候,一部分老板会不耐烦地打断,另外一部分老板会温言劝慰。不过，当这批声泪俱下的改革者离开之后，相当多老板会耸耸肩，无可奈何地说："问题，我也知道。建议，我听过太多。我需要的是解决方案！"

不要埋怨老板的要求太刁钻，仅仅是一个点子和几个主意解决问题的时代已经过去了。现代的商人，需要适应越来越复杂的竞争环境，为顾客提供全方位的服务。但这个服务不一定是完善的，很难保证每项服务都是最优秀的。

聪明的商人，提出的解决办法是为客户提供一揽子解决方案，然后在更大范围内系统集成和优化组合，这样可以保证方案和各个集成部分都是最好的，从而形成整体最优。

制造业经营越来越难，但很多IT设备生产商改变思路，采用集成方式采购其他厂家的产品，为客户提供一揽子服务，做解决方案，扭转了产品单一、经营困难的局面。比如海尔的星级服务也是一种系统集成服务。这样，企业与顾客就建立起了互需、互求的长期、牢靠的关联纽带。

通常来说，个人用户比起企业用户更加难伺候，所以，整体服务方案，才是真正让这些人打开钱包的钥匙。

有一家非常有名的高科技公司，曾在一个国家做过30多次客户满意度调查，个人客户们可不吃这一套，纷纷抱怨自己受到了很多打扰。后来公司发现，真正的问题不是调查数量超出了顾客容忍度，而在于这些调查是由一些不懂得如何有效开展调查和分析的人员开展的，因此无法获得客户的真实评价。于是，公司痛定思痛，立即停止了所有满意度调查，经过专业分析，设立了一个从客户心理出发的调查问卷，再统一利用网络发布下去，以保证从客户那得到充分的数据。

过去，产品本身就是目的。如今，产品是开启通往长期合作关系的一扇门。看看你的手机，它很可能是电信业者免费提供的，其目的是和你签两年的电信服务合约；有些公司免费供应植物给办公室，以换取为你办公室提供植物照料服务；或是只要签约购买地毯清洁服务，就免费提供地毯，类似的例子不胜枚举。

所以，要想取得最好的营销效果，大脑得充分转动起来！

看富豪如何把金钱玩起来

日籍韩裔科技新贵孙正义，被业界称为不按照牌理出牌的资本大玩家，但就是这个不遵守游戏规则的大玩家一度凭借软件银行（Softbank，以下简称软银）令人眼花缭乱的投资策略而成为亚洲首富。日本财经界对他到底是"稀有的天才，还是旷世欺人的骗子"看法不一。有人敬仰他，有人羡慕他，甚至还有人怕他，但有一点不可否认，是他把日本拉入了信息时代。

1995年以来，孙正义把其公司的风险资本投入到当时最为火暴的网站，下了有史以来最精明的赌注。雅虎、Geocities、E-Trade或E-Loan这些曾经闪烁着光环的公司，孙正义都拥有它们的股份。最初的20亿美元投资一再升值，他的账面利润一度达150亿美元，他自己的净资产也达20亿美元。如果孙正义就此收手，那么人们只会记得他是个精明的硅谷暴发户而已。然而他却无意放慢发展速度。此后，孙正义把自己的100多个公司合并成一个横跨亚欧两大洲的计算机联合大企业，处于这个联合大企业核心位置的是他的软银公司。两年后，孙正义领导的软银公司成为日本著名的宽带接入服务提供商，该公司在日本和美国不断拓展业务，从事软件业、零售业、杂志、网络出版业及电脑贸易展示业务，市值380亿美元，超过了东芝公司。

过去孙正义被大家讥笑过，现在孙正义的作为依然被很多人质疑，然而，日本金融界、零售业和高科技产业界对这位在日本新兴的因特网经济中翻云覆雨的大腕人物都不得不带有几分敬畏。

孙正义曾经举了一个例子说，看人做生意，就像是看电视上的高尔夫球赛转播，解说者会在一旁提出许多的意见，说什么"啊!不能这样打!"或是"应该把目标定在那里!"然而，实际到球场去，感受风向与紧张的气氛来挥杆的话，绝对与坐在播报台上看着荧光幕来作判断大大不同。

孙正义商业思维的关键词是"实战"。他就是以是否有七成以上胜算为基准来判断行动与否。而且他也很清醒地认识到，即使有七成的胜算，一旦实际去做，失败的几率还是有三成。

"我不是用五五比，而是用七比三的胜算去发展事业，而目前公司仍在持续成长，我想我的策略应该是成功的。如果非得等到有九成或九成五的胜算，才愿意采取行动的话，我的事业绝不会像现在这么成功。"

被一些人视为大英雄，而被更多的人视作魔鬼的国际金融操盘手索罗斯（George Soros）的金钱玩法比较适合那些有"赌博"偏好的玩家。但是，在玩之前，你一定要清醒，自省是否已经具备了像索罗斯一样善于抓住机会的本领。

索罗斯出生于匈牙利，他的发迹来自于1969年与另一位投资专家吉姆·罗杰斯联手成立的量子基金。该基金自成立以来平均每年的投资回报率高达35％，只有在1981年出现过赔钱的记录。

1992年的9月16日，英国金融界称之为"黑色星期三"，财务大臣拉蒙特在一天内两次宣布提高利率。但对索罗斯来说，那个星期三是阳光明媚的。美国东部时间早上7点，杜肯米勒打电话叫醒了睡梦中的索罗斯，告诉他，他刚赚了9.58亿美元。后来盘点，索罗斯在那个"黑色星期三"中赚得将近20亿美元，其中10亿来自英镑，另有10亿来自意大利里拉的动荡和东京股票市场。这次投机行为击败了英格兰银行，索罗斯是其中一股较大的力量。

在1992年9月的传奇中，索罗斯赚到的钱等于是从每个英国人手中拿走了12.5英镑，奇怪的是，对大部分英国人来说，他却因此成了传奇中的英雄。英国民众以典型的英国式作风说："他真行，如果他因为我们政府的愚蠢而赚了10亿美元，那他一定很聪明能干。"

自1992年狙击英镑之后，他已经不仅仅是一个公众人物，更成为了国际金融的风向标。1992年12月，一位电视记者采访索罗斯时很忧愤地提问："你投资于黄金，大家便都认为该投资黄金；你写文章质疑德国马克，马克的汇价就下跌；你投资于伦敦的房地产，那里的房地产就被看好。一个人应该有这么大的力量吗?"

当然，江湖上的英雄都有老的时候，已步入迟暮之年的老索，也开始有点心有余而力不足了。2000年科技股泡沫破裂时，很多人都认为一个时代终结了——被称作"金融巨鳄"、"国际大炒家"、"击溃了英格兰银行的人"、"坏孩子"的顶级金融狙击手兼业余哲学家索罗斯不能再像过去那样呼风唤雨了。

十几年来，"索罗斯基金管理公司"（Soros Fund Management LLC，简称SFM）的旗舰"量子基金（Quantum fund）"始终未能再次达到20世纪90年代的出色业绩。

2011年，年过80岁的索罗斯正式退休，结束了其长达40年的对冲基金经理的职业生涯。不过，尽管几经起落，索罗斯仍是投资界须仰视的人物。

巴菲特与索罗斯可以说是当前全球投资热潮中完全不同的两种典型，前者是注重基本面、做长不做短的保守派，后者则是强调消息面，逮到机会就要大捞一笔的豪赌派。至于他们两人在国际金融市场的纵横术到底孰优孰劣，或许由《福布斯》杂志上的排行榜可一窥端倪。

但是，恐怕更多的年轻人会说，他们愿意选择索罗斯的玩法，快意恩仇，玩的就是心跳。这种金钱玩家的感觉和体验才真正让人迷醉；至于巴菲特的模式，年纪再大一点的时候再去尝试也来得及。

第七章

记住，你永远不是英雄

我觉得特别难为情的是，很多媒体把我同事所做的努力都加在我头上。我哪有那么能干！我不会写程序，又不懂技术。

——马云

人对于团队的渴望是天生的，人是一种群体动物，单打独斗的人再怎么厉害能力也是有限的。所以需要提醒那些个人英雄主义者，全天下都知道你有能力，但一个人不吃不喝也就24个小时，你比别人就算能聪明两倍三倍，但绝对不会聪明一百倍。一个人可以做的事情其实是很有限的，海外所谓的"X代"的年轻人，内地所称的"80后"、"90后"新生代，天生注重个性，但是在公司之中，更需要学会与他人共存双赢。

　　个人累积财富的能力毕竟是有限的，到了创业的后期，很多业务都需要更多的人才落实才有竞争力，因此，必须建立强大的团队。

　　每当人们将马云视作阿里巴巴之神的时候，马云总会这样说："没有人能够伟大到独自建立一个像阿里巴巴这样的企业，团队和制度使公司能够不断地发展，而不是个人，文化是把伟大的人团结起来的红线。就像我一直说，我不是公司的英雄。如果我看起来像，那是因为我们的团队造就了我，不是我造就了团队。"所以，在创业前期，马云常挂在嘴边的是"员工第一，客户第二"。

　　在一家公司不同部门、不同个人之间存在着利益冲突，所以平衡利益分配的能力是经营公司的最基本条件。

　　商业社会之中，公司众多，彼此之间的竞争也相当激烈，如果想在目标市场之中占有一席之地，就必须拥有强大的实力。

　　而且，公司的和个人的经营思路有很大的不同，很多看似亏本的买卖实质上却是在为日后获取更大利益作铺垫，所以制定出正确的经营策略是公司业务发展的关键。另外，一个人的精力毕竟有限，懂得知人善任才可以减轻自身的压力，同时将事业做大。

第一节

缔造共图的利益

　　拿破仑·希尔[1] 的《成功学全书》里面有一个故事令人印象深刻。在一个村子有个加油站，有个人开车经过，问加油站的一个伙计，这个村子的人怎么样，这个伙计反问"那你说你原来所在的那个村子怎么样。"这个人回答："哎呀，我原来那个村的人糟透了，每个人都很自私，都不关心我。"伙计就跟他说："我们这里的人也是这样。"那个人失望地走了。

　　过了一会儿，又有一个人过来问同样的问题，伙计也问了他同样

---

　　[1] 拿破仑·希尔（Napoleon Hill），生于1883年，美国著名成功学大师与畅销书作家，也是全世界最早、最伟大的励志成功学大师，他的成功哲学和激情曾影响了美国两任总统和千百万读者，代表作品《成功规律》《思考致富》《人人都能成功》等被翻译成多国语言，在30多个国家和地区畅销。

的问题，那个人说："我原来那个镇的人很友善，都安居乐业。"然后伙计回答他："我们这里的人也是这样。"

这个故事想说的道理很有意思，那就是你怎样对待别人，别人就会怎么样对待你。让人家对你好的秘诀就是你对别人好。否则当真正有了事情的时候再来做好人，就已经晚了。古代政治上常用"市善"的招数，也就是在特殊的时候做善事给自己加分，以获取好处，现在看来未必行得通。因为做善人，靠的不是你现在怎么说，而是以前你怎么做。

李嘉诚的一枚硬币

20世纪90年代，香港电台制作的"杰出华人系列"电视节目，有一期的主角是李嘉诚，他笑眯眯地提起自己的一件往事。

一次去停车场取车时，李嘉诚不慎丢落一枚硬币，硬币滚到了车底。若汽车开动，硬币便会掉到阴沟里。李嘉诚刚想蹲下身去拾取，此时旁边一名印度籍值班保安见到，立即代他拾起。李嘉诚收回该硬币后，给了他100港元小费。

李嘉诚以这件事情为例，解释他的人生哲学，"如果我不捡起这个2元硬币，让它滚到阴沟里面去，这2元硬币便会在世上消失。而100元给了值班保安，值班保安就能够拿去用。我觉得钱可以用，但不可以浪费。"

在他的思维中，是用社会总净值的增损来思考个人的行为合理与否。只要社会总净值增加了，自己损失一点也不算什么；相反，如果社会总净值减少了，自己即使收获了一定的财利也是损失。

这个故事后来广为流传。

经济学家亚当·斯密在《国富论》中有这样一个重要论点：人以自利为出发点对社会的贡献，要比意图改善社会的人的贡献大。这样的"自利"或者说"自私"反而有几分可爱了。如果"自利"能给别人带来利益，自己的"利"和别人的"利"加起来，社会总净值就会增加，国家自然富强。

十几年前，屌丝草根之中，曾经流行过一个叫"北京浮生记"的电脑小游戏。在游戏中因为村长嫌贫爱富，玩家带着200元钱只身来到北京，必须在一个月的时间内，赚到足够的钱，才能回老家娶村长的女儿。大家在游戏中游走于各大地铁站，小则卖盗版光盘、伪劣化妆品、老乡送的假白酒、上海小宝贝，生意做大了就可以卖水货手机、走私汽车。玩家会沉迷于资金的快速增加和做一些平时不太敢做的事情的快感中，互相攀比谁在30天里赚到了更多的钱，却想不到给村长家打个电话，告诉他自己已经有足够的钱来娶他的女儿了。这个游戏，大概是人最真实心理的折射吧。十几年之后的2012年，这个游戏再次在苹果商店里面以APP的形式出现，增加了不少个人创富的选择，虽然游戏里依然画面粗糙，却有着一种本色的魅力。

阿里巴巴团队的成功在于大家的目标统一。曾有人问马云如何统一人的思想，马云说，人的思想无法统一，但目标可以统一，让大家团结在一个共同的目标和理想下，要比团结在一个人周围容易得多。他在多个场合反复强调自己不喜欢员工为自己工作，"我讨厌我的员工为我工作，'马云你真好，我为你工作'，拜托你明天就离开。不要为我工作，全公司一千多人都为我工作，千万别这样！

所以，创业者首先要找一群认同你的理想、为了梦想愿意牺牲的人，同时，"要在有一个共同目标的情况下，坦诚相待，不要欺骗你的员工。你可以不告诉他一些事情，但是不要欺骗他们。有一些事情他们知道没有什么好处，反而弄得他们很担心，什么都做不了。但是作为一个CEO，你要扛起这个压力"。这是马云打造团队凝聚力的方法。

理想团队中的九大角色

1927年5月，一个女秘书冲进她老板的办公室，高叫道："他成功了！他成功了！美国人林德伯格一个人单独飞越大西洋，已经在巴黎着陆了！"

而她的老板却显得无动于衷。

"你知道吗？"秘书又说道，"你的朋友林德伯格完全是自己飞过了大西洋，一个人哪，多了不起的创举！"

"单单一个人，是可以做成任何一件事的。"老板平静地回答道，"哪一天有一个委员会飞越了大西洋，请你告诉我。"

这个故事提醒我们，一直以来所谓的众志成城的信念，在商业社会里面常常只是一个幻觉。一个人能做的事情，有时候换上20个人来做未必能做成。

一个和尚挑水吃，两个和尚抬水吃，三个和尚没水吃，这个故事折射出我们所处社会的常态。

所以，本章强调的团队合作的主体，不是仅仅指同在一层写字楼办公室、被无数小格子间隔开、互相望得见、方便面之气相闻的那群人，而是指和我们共用一批社会资源的人，同一个团队的队员。

根据西方流行理论，构成理想团队的人可以分成九种类型：

创始人。他们一般富有创造力和想象力，不循规蹈矩，善于解决疑难问题。他们身上有开荒者的优点和缺点，不过天才一般都不太善于和普通人打交道，这点缺点对于创始人和大老板来说，实在是可以忽略不计。

协调者。他们成熟、自信、可靠、雄才大略，在公司中可以出任主席，帮助团队澄清目标，推动决策的制定。他不一定要是团队中最聪明的人，但他一定是最会用人的人。不太会打仗的刘邦就属于这类人。

执行者。相当于CEO，他们是职业经理人，有职业道德、有纪律、可靠、有效率。将想法变成现实的执行者。这类人的性格多少不太灵活。例如张飞、马超什么的，做这个就特合适。

改革家。每个公司里必定都有这样一些人，他们性格活泼，外向，脑子灵活，对现实不满足，什么事情摆到他们面前，准能找出毛病。他们精神总是很紧张，喜欢挑战困难，解决困难。这些人要用得好能使公司锦上添花，更上层楼；用得不好，煽动叛乱的带头人也常常就是这样的人。

团队工作者。地位相当于×委书记、工会主席、妇联主任。他们不在车间里干活，不做报表，似乎不做什么具体工作，但是还都挺忙。他们性格温和，善解人意，随和；善于倾听，乐于实干，可以帮助消除团队中的摩擦。现在有些公司专门设置一个高级副总裁的职位打理企业文化，这个称谓就时尚得多了，不过忙的事情也差不多。

实干家。这些人是最容易受老婆埋怨，被领导忽略的人。他们勤恳、尽职，生命最大的意义就在于将工作做到尽善尽美，所以经常展开自我批评，寻找失误；崇尚按时完成任务。不过这些人有个缺点，不愿出头露面，所以做了事情会被其他人抢了功劳，属于任劳任怨的老黄牛，经常吃亏。不过企业里这样的人越多越好啊。

专家。这些人有两类，一类是企业内部的专家，他们思想单纯自律，专注工作；能够为团队带来不常见的知识和技术，不足之处是只能对有限的工作作贡献。一类是企业外部以做专家为职业的职业专家。比如麦肯锡，就专门以专家的身份替别人出谋划策。他们见多识广，有一套有效的工作方式和行为模式，只不过他们这套方法不见得放之四海而皆准罢了。

观察员。这类人可不是人人都能做的，他们清醒，有远见，有辨别力；有点做主席的天分，但是没有做主席的能力。他们了解所有选择并可进行判断，现在经常在报纸杂志上写专栏评点企业，写得多了还能攒本书。

资源调查者。相当于市场调查和行销分析人员，他们性格外向、热情、善言谈，眼疾手快，能发现机会。只可惜先行者遇到的危险也比较大，他们可以做的只是前期工作，后面一定需要实干者跟上，否则不容易取得成果。

在团队规范下，团队成员都有自己的行为。这些行为可能会对团队有益，也可能有害。

有益的团队成员行为：愿意参与、贡献主意和确立目标；愿意信任其他的团队成员；愿意有效地进行交流；愿意分享和评价不同的想法；愿意考虑别人的观点；愿意缓慢地作出判断；愿意容忍混乱；愿意寻找大家一致同意的选择；愿意支持并执行团队的决定等。

而有害的团队成员行为则多得多了：攻击个人的性格，对任何事都表示同意；言行不一致；限制他人的行动；改变主题而不作解释；闲谈；抱怨；批评；表现出愤怒；表现出高人一等爱支配别人；注意力不集中；中途退出；经常摇头；掩饰问题；打断别人的话；擅自作出决定；没有按时完成任务；做工作不负责任；不参与团队决策；贬低团队的工作；过早地作出判断；为了避免参与决策而假装不理解；提出不现实的期望；只看见眼前一种方法；解决其他人的问题；认为主题之间有联系而事实上没有明显的联系；谈得过多；退缩；等等。

团队合作，不能停留在纸上谈兵，更多时候是一种执行的艺术、操作的智慧，需要在实践中去体验、去感受。

第三节

做一个真正的领导者

在过去的30年里，商业管理中最大的改变是什么？

世界著名商业思想家、领导力专家，也是我们通常说的管理学大师约翰·科特[1]回答如下：

"最大的转变是越来越多人，不仅仅是公司的最高层，被要求表现出他们的领导力，而不只是执行管理上的技术环节。这一现象是某些因素协同整个社会的变迁促成的，如技术变革、全球化，这使很多人的工作变得完全不同。想仅仅依靠做好市场或者管理工作就占领一

---

[1] 约翰·科特（John P. Kotter），1947年出生于美国，世界著名领导力专家，世界顶级企业领导与变革领域最权威的代言人，曾两度荣获麦肯锡基金会"哈佛商学院最佳文章"奖，曾服务于美国运通、通用电气、IBM、雅芳、壳牌石油、摩托罗拉、索尼等诸多世界级企业，代表作品有《领导者应该做什么》《松下领导学》《领导变革》《变革之心》等。

个领先地位已不太可能，你必须表现出你的领导力。"

虽然我们前面也有相当详细的篇幅来讨论管理哲学和管理细节，但是，总的来说，管理者试图控制事物，甚至控制人，但领导者却努力解放人与能量。商业机构管理思路的变化，正吻合了这种趋势。

就像流行服饰一样，过去这一二十年，已经缓慢地发生一些显著的变化了。不知不觉之中，从公司的首席执行官到普通经理人，他们通过各种形式来使自己更像领导者那样思考与行动。在那些竞争激烈的行业中更容易看到这种变化；而在那些竞争不激烈的行业中，领导者不需要关注员工的行为与所想，因为压力还不足够大。

领导者与管理者间的一个重要区别是，管理者要面对的是一个需要运转的具体系统，他们所有的关注点都在这个系统上，他们要关注工厂的生产或是销售，他们要让它快一些或更慢一些；但领导人不同，他们需要关注整个经济环境、政治动荡、人们的内心需求。

他们不是领导椅子或是领导大楼，而是领导人，他们不仅要关注豪华办公大楼里的人，还要关注各个方面。

领导者思考的问题更为宽广，并不是说因为要做好生意，就必须关心社会的变化；而是，当他从事商业时，他已经承担了社会责任，他不能仅仅考虑企业的利润。

马云曾经归纳过领导者和管理者的区别：领导者需要做的三件事情是定方向、带团队、促变革。管理者需要做的三件事情是解决问题、保持稳定、按章行事。换句话说，领导者需要对健康成长负责，管理者需要对当前的绩效负责；领导者主要以影响人来执行自己的职责，管理者主要以管事为主来执行职责。

某一类商人，喜欢强调说"生意就是生意"，他们压低工资、盘剥员工、污染环境，他们赚了很多钱，然后用这些钱做慈善，他们觉得自己很高尚。这种情况实在可怕，因为他们通过伤害社会挣钱。

领导者则更广泛地关注身边的和更为广阔的世界，他有责任为合作者（例如股东以及各种合作伙伴）提供更多的分红，有责任为同伴创造更好的工作环境，有责任制造更好的产品与服务，降低价格，不将污染物排入河流与地下水……当然，更加有责任约束自己在商业界维持正确的规则和对其他商家的尊重。

一个真正的领导者总是在考虑——既然我在做一项更伟大的工作，我就应该考虑更多。

对此，马云也有切身的体会，他说："人们之所以去听某人的，不是因为这个人是CEO，是什么长什么主任，而是因为他说得对。某人有道理，是因为他讲的理念思想、战略战术确实有理。所有人都觉得他说得有理，他们就会跟着他。我不希望我的同事是奴隶——因为我控制了51%以上的股权，所以你们都得听我的，这没有意义。"

他分析，阿里巴巴的职员一半做技术，一半做服务，基本上在行业都有好几年的经验。"策划人员比我懂策划，市场人员比我懂市场，技术人员比我懂技术。"所以他给自己定位："我的强项是考虑公司的战略，怎么去和硅谷竞争，去和全球对手竞争。"

"每个人的视野要放得更宽、更远、更深，视角要更独特，然后才能抓住这个机会。大家都看得到的东西，凭什么就你有机会？一个领导者，读万卷书不如行万里路。周游全世界，我觉得自己实在是太渺小了。我们在自己的办公室，在自己的同事、员工和家人面前，觉得自己很厉害。但是再走远一点看看，在世界上你微不足道。到了伦敦的格林尼治天文台才真正明白我是多么的渺小，宇宙是多么的浩瀚，地球像个灰尘根本找不到，地球都找不到，更别说人啦。想到这些问题，才会有远见。"

　　他特别提醒——领导是通过别人拿成果，有一天你突然发现，当了三年领导，你的水平还是公司里最好的，那你根本就不适合当领导。所以他提出忠告："个子高要蹲下来，不蹲下来永远跳不高，这是我们的文化价值和精神实质。我们是平凡的人，但是我们看别人永远要比看自己高，永远要把自己降低。"

　　马云对于人性是有很深刻的认识的，他感慨——人是退化最严重的动物。跟野兽比，人很弱，但人类"进化"了抱怨。偶尔抱怨一下没有大碍，但当抱怨成习惯，就如喝海水，喝得越多就越渴。最后发现走在成功路上的都是些不抱怨的"傻子们"。世界不会记得你说了什么，但一定不会忘记你做了什么。

　　所以，即使是在2012年年底，淘宝网有了可观销售额以及集团整体上市的憧憬，社会各界对于阿里巴巴集团寄予厚望的时候，马云有着比较清醒的意识。他在2013年春天，提前宣布辞任CEO一职，此举看上去出乎意料，但是在我观察而言，这仍是他完善领导者角色的又一努力。

在马云眼中，"领导力的最后实力是在于勇气和坚持。真正的将军是在特别的时候才能被识别出来。大败敌军，掩杀过去的时候，将军的勇气和领导力你是看不出来的。相反，撤退的时候才看得出来谁是优秀的将军，撤退的时候，在压力面前、在诱惑面前，敢于做到理想不减才是优秀的将军"，"非洲草原上只有饿死的大象，饿死的狮子，没有饿死的蚂蚁，蚂蚁总能找到吃的，只要有办法。这也是我们的使命，是价值观的一个重要考核"。

2010年，阿里巴巴有9000名员工。马云预言："10年内阿里巴巴会变成15万名员工，不是一个B2B，整个集团至少15万员工，至少要有1000个干部。"为了完成阿里巴巴的伟业，马云要比以往更加坚定地做好领导者的角色。

马云还有一段话发人深省："一个伟大的人，连对每个人来讲最痛苦的时候，大家都要死的时候，他能再往前挺一步，他的伟大之处在于人家倒下去，他还站在那儿。大部分人会说，我这么有钱了，我要转弯了，只有他说我还往前挺一步。往前挺一步的那个人就是伟大的人。"

你做好准备，成为你公司的领导者了吗？

团队合作的另一种解读

团队之间的合作沟通，目标是达成共同利益比较一致的共赢，更多时候，要达到与其他合作伙伴的所谓双赢和多赢，难度很大。

无论规模多么大的单位组织，即使你是一个豪情万丈的能干的"带头大哥"，在你的公司之外，也总有更多优秀的人才，他们会服务于其他更大或者更加精彩的机构。你总不能把所有人都拉到你公司里面去领取薪水吧！何况，有些人每年赚的钱比贵公司赚的还多，谁聘请谁，还不一定。

于是，借助外力，最好是把外力变成外脑，这也是团队合作的一种模式，当然，这种合作，对领导者的要求就更高了。

先来看看真正的企业大佬们遇上比他们实力更强的人会发生什么故事。

近年，为了得到国际投资人的青睐，我国内地及港、澳、台地区很多规模不小的企业的CEO们，纷纷安排了更长的"外资会晤时间"，竖直了耳朵听外资投资人说话，拉近和外资投资人的关系。这么做的好处是，这些海外的金融大腕们，能够在企业的各方面给出相对精准的专业意见，例如，要做大笔投资的时候，这批免费的资深顾问，甚至能够准确地建议每一股应该出多少钱。企业虽然多花了很多时间和这些不好侍候的股东沟通，但收益巨大。金融业的问题，大到银行购并标的、合并换股价格，小到信用卡发多少张、持卡人年龄等业务细节都尽可以去咨询外资专家的意见，而且绝无空手而还的道理。只不过层级够高、说话可以算话的那种人，出来沟通才更有说服力。某些企业对这方面非常重视，因此还专门建立与外资沟通的"投资者关系部"。外资投资人会看参与沟通的层级是不是够高，来判断企业是否重视吸引国际资金，所以对于特别重大的问题，创业公司不妨让CEO亲自出马商谈。

有些在香港上市的内地企业，它们的总字号人物中甚至有人一年有四分之一的时间在海外与外资专家会面，他们最喜欢一对一地和基金经理交流，一个月见上一二十面很正常。尤其是财务官和董事会秘书，都和投资人混得很熟，遇上谈得来的人更是惺惺相惜、义结金兰，因为这样才能真正获得资本市场的认同，哪怕其中一些金融圈中人提的问题很犀利。

《哈佛商业评论》曾深刻地指出，到了20世纪80年代，美国商学院的主流意识已经从专业经理人资本主义让位给投资人资本主义。这种主流意识训练出的华尔街基金经理人，挟大笔资金进入股市后，大大地改变了华尔街的游戏规则，同时也产生了一些负面效应。

过去20多年时间里，是机构投资者在推动着企业经营的改变与成长。这些投资者，说穿了，最主要的就是华尔街的金融机构，这些机构逼得企业经营者每三个月就要出季度财报——跟股东交代营运的成果，现在这种做法已经引来很多专业人士的质疑。他们认为，有许多私人公司因为没有上市，被逼得不厉害，所以行为不是很规范，表现也不是很好；但美国的上市公司又被逼得太厉害了，也出现问题。中国现在也是这样，甚至出现了一个怪现象，缺钱的公司才上市，不缺钱、经营好的公司就不上市，因为他们不喜欢被人用质疑的口吻定期盘问。

现在，越来越多上市公司在每一季说明会外，每个月会举办一次企业联谊会，报告公司营运情形。除了制度化将沟通管道建立起来，一个好公司更应该懂得给外资"事前引导（preguidance）"的技巧。

传说之中的基金经理翻云覆雨，动辄洗仓逼仓，似乎一个个都是索罗斯二世。实际上，这些人大部分都还是认真调查详细评估，做长期投资的。大家赚的都是辛苦钱，再怎么样没有人会跟钱有仇，也没有人会轻易乱卖股票跟公司闹翻。因此公司如果有困难，只要及早和投资人说明，并且提出一个对应计划，机构们还是愿意理性评估，即使是企业的经营看上去不是那么好。

说到与风险投资合作，马云的经验是再丰富不过了。他与风险投资公司的段子，在中国创业圈最为人津津乐道。他曾经拒绝过三十几家风投，也曾手持多家风投的钱，更曾用6分钟时间从孙正义手中拿走2000万美元，融资的能力可见一斑。他说创业者和风险投资商是平等的，跟风险投资商谈判，要理直气壮，腰要挺起来，如果风投问你100个问题，你就要反问他99个问题。"在你面对VC的时候，你要问他投资你的理念是什么？在企业最倒霉的时候，你会怎么办？如果你是好公司，七八个VC会追着你转，追着你转的时候，你让他们把计划和方法写下来，同时你每年的承诺是什么都要写下来，这是互相的约束，是婚姻合同。跟VC之间的合作是点点滴滴，你告诉他我这个月会亏、下个月会亏，但是只要局势可控VC都不怕，最可怕的是局面不可控。所以跟VC之间的沟通非常的重要，不一定要找大牌。"

很多企业与风投存在或多或少的矛盾，马云与风投的关系却一向不错，因为他把自己与投资人之间的关系弄得很明白——他认为，对公司而言，VC永远是舅舅，"你是这个创业孩子的爸爸妈妈，你知道把这个孩子带到哪去。舅舅可以给你建议、给你钱，但是肩负着把孩子养大的职责是你，VC不是来替你救命的，只是把你的公司养得更大"。与投资方有不同意见时，马云的方法是彻底坦诚地沟通，"他不同意你，你就应该跟他沟通。董事会不是一个争论的场所，开董事会之前，你就要花时间跟董事一个个交流。'我有一个想法，你看同不同意？''你的想法是怎样？''我的真实想法是什么？'有几千万资金的投资人，没有一个是傻的，同时你要在彻底、坦诚、认真沟通的情况下，跟你的团队沟通。"

团队合作，从广义上看，既包括内部合作，也包括外部合作，从狭义上讲，多指内部合作。上面提到的与风投的合作是一种外部合作，与证券公司、律师、咨询公司等合作也都属于外部合作。内部合作是企业发展的基石，而与外部合作则是企业壮大业务的有效方式。

阿里巴巴集团下属的支付宝业务的开展过程，一直是与银行的支持与配合分不开的。即使是今天已经羽翼丰满，支付宝也一直在努力加强与银行的合作。

2004年12月，支付宝从淘宝网独立出来后，便开始与银行展开全方位的广泛合作。2005年3月，支付宝公司与中国工商银行达成战略合作伙伴协议，共同进军电子商务第三方支付平台。同月，支付宝公司又与中国农业银行达成战略合作。2005年4月，支付宝公司与VISA国际组织达成战略合作协议。2005年6月，支付宝和招商银行全面携手，保证支付宝与招商银行系统无缝对接。之后，支付宝又在香港与中国建设银行、中国银行达成合作，全面拓展海外业务。直到2007年，支付宝接通了16家银行。随着在线支付平台的发展，在线支付市场竞争日益加剧，银联无卡支付、手机支付等纷纷威胁到支付宝。因此推出更适合市场的支付业务和加强与银行的合作，成为支付宝抗衡竞争对手的当务之急。

2010年12月，支付宝公司联手中国银行推出新产品——"快捷支付"，通过这个平台，用户不用开通网银就可以直接完成支付。之后，支付宝公司很快与工商银行、建设银行、农业银行等达成快捷支付方面的合作。截至2011年5月，支付宝已与100多家银行达成合作协议。

在一次与银行的签约仪式上，马云说，电子商务产业要发展，建立良好的生态圈至关重要。没有合作就没有未来，这个生态圈的建立必然要以合作为基础展开。

商人历史的快速一览

商人出现

对于财富的追逐完全可以说是人的天性，自有人类开始，就有对财富的渴望。

据说，早在9000年前，或更早以前，在以狩猎和采集为基本生存手段的游牧时期，绝大多数物品都要在集体成员之间平均分配，没有阶级，没有贫富，因此也很少有个人财富的纷争。但历史学家又告诉我们，即使是那个时候，人类社会也并不像我们所想象的那样平衡和均等。那时候也发展了某种社会等级制度——在分配方面，有的人的待遇强于其他人。

后来，随着村庄和城市出现，以私人财产和土地所有权出现为标志的私有制让追逐财富的行为更加公开化和公众化，文明的进步也渐渐使财富成为人类活动的中心内容。一般认为，原始社会后期，生产力的发展使人们手中有了剩余产品，可以进行少量的物物交换。随着交换规模及地域的扩大，产生了专门走街串巷从事物物交换的货郎，也就是最早的商人。

为什么我们中国人要把从事贸易的人叫做商人呢？此事说起来，还跟商朝有很大关系。商是地名，商朝的名称由地名而来，盘庚迁都以后，虽然改称"殷"了，但习惯上还保留商的称呼，殷商并称，殷人即商人；武王伐纣灭殷，建周朝，殷遗民过着受压迫的生活，既没有政治权利，又没有土地，只好东奔西跑做买卖。做买卖在当时是被人歧视的行业，正好归了遗民们做，没人跟他们抢，久而久之，从商就成为殷遗民的职业特点。

我们经常说的"士农工商"，说久了觉得顺口，但此种排列的确是有深意的，四个字的顺序，也说出了古代商人不受尊重的那一方面。

日本学者宫崎市定写了篇文章叫《历史与盐》，文章中他对于商的起源有另外的解释。上面说的是从"商"字来看，而他是从商贾的"贾"字来考证。他认为"贾"就是"卤"，而"卤"就是指山西解州的盐池。他认为，中国商业的起源同盐的关系极为密切。因为中国最早的重要商品就是盐，而盐的生产，恰恰又受到产地的最大限制。所以他认为，从这个意义上讲，中国最古老的商人恐怕就是山西商人。

富贾初现

宫崎市定对商的起源的解释，不容易找到充足的理论根据。不过，有一个著名的商人确实是经常在山西一带活动，那就是大商人、大政治家吕不韦。本是河南濮阳人的吕不韦经过奋斗，成为大贾，经常往来于赵国的都城邯郸和秦国的都城咸阳，经济活动范围跨越现在的山东、河北、河南、山西、陕西各省。在当时交通不便的情况下，这样的跨区域大生意没有一定的经营能力和经济能力是无法支撑的，但是吕不韦做到了。当然，吕不韦具体做什么生意，我们不知道，大概是粮食、珠玉等数额大、货值高的物品，这样远道交易才有收益。以吕不韦的经济活动能力，可以称为国际贸易商人。

另外一位中国历史上的传奇商人范蠡走的是和吕不韦刚好相反的路线。范蠡在越国辅助越王勾践复国之后，功成身退，他把过人的智慧用到有限的经商中去，当然是手到擒来。传说中，他辞去公职下海经商的时候，更兼顺道拐走了绝代佳人西施，自此笑看云起云落。吕不韦不同，他做商人起家，虽然富甲一方，但是没有政治背景，终究觉得地位低人一等。直到遇见秦国的王孙秦异人，他立刻产生了"奇货可居"的想法，然后他紧紧抓住异人这个棋子，从异人入手，大举注资为异人打造登基之路，继而弃商从政，担任了秦国丞相，可谓权倾天下。做商人做到他这个分儿上，已经算是登峰造极了。

只可惜，吕不韦一代巨富，最后得罪了秦王，落到自杀收场，秦王亲政后更是迫切消除吕不韦当权时的影响，树立自己的威信，命令谋士大肆讲故事，毁坏其形象，掩饰其政绩，还专门发了一道诏书谴责吕不韦说："君何功于秦？秦封君河南，食十万户。君何亲与秦？号称仲父。其与家属徙处蜀！"

弃政从商，容易成就佳话；商而优则仕，却未必能成功到底。个中玄机，不可不察。

身为富贾但不得善终的又一个典型例子莫过于沈万三。现在的周庄已经成了旅游和影视重镇，那些小桥流水、乌篷渔船，在元朝的时候可是让沈佑和沈万三父子镀上了一层真金白银，而这个浪漫的地方则是半个中国商业流通的中心。难怪有民间传说说沈万三家里藏着一个聚宝盆，要不然怎么能这么有钱？比皇帝还有钱！

据说明太祖朱元璋要修筑南京城墙，沈万三曾资助13 000两白银，负责洪武门至水西门一段工程。后来工程超支，他又捐出13 000两。想必沈万三捐银子的时候气宇轩昂，眼睛都不眨一下的豪爽态度刺激了以多心多疑无情无义著称的朱元璋，而且他还头脑发昏，提出要犒军。军队是皇帝的军队，哪里轮得到你一个商人来乱给小费，帝怒曰：匹夫犒天下之军乱民也，宜诛之。还是马皇后说了句救命的话："这样不祥的人，天会灭他，不需要皇帝你动手吧。"命虽然保住了，但沈家那泼天的富贵进了朱家的口袋，大商人沈万三也被流放，最后不明不白死在了客乡。这样的结果，是不是让大家想起了《无间道》里面的著名台词："出来混，迟早要还的！"

当然，也有学者说，明朝没有沈万三，但是民间故事流传甚广，故事的比喻意义已经大于实际意义。人人都这么想，就给商人从政投下了沉重的阴影。

晋商明清两朝走势强劲

山西的商人在中国商业史上写下浓墨重彩的一笔，是在明清两季。

明代中叶，随着资本主义工业的萌芽和兴起，国内各地区商品交易日渐发达，山西形成自己独特的商业模式，经过几代商人的努力，终于修成正果，山西出现了当时最大一股商业势力。

晋商以山西富有的盐、铁、麦、棉、皮、毛、木材、旱烟等特产，进行长途贩运，买入江南的丝、绸、茶、米，又转销西北、蒙、俄等地，其贩运销售活动遍及全国。以太谷、祁县、平遥等商人为代表的山西商业票号，曾"富甲华夏"、"汇通天下"，闻名于世，真个是威风无限，江湖地位比得上近年的新经济英雄。

那时候称霸北京商业市场的也是山西商人，北京城位于天子脚下，满是王公贵戚、名门望族的府第。而且明清时候，中国人的审美情趣日益细致奢靡，达官贵族们的生活极为讲究，上行下效，当时北京城内的平民百姓在吃喝穿戴等日常生活上也互相攀比，毫不马虎。越是奢侈贵重稀有的东西，经营的利润也就越高，因此北京多是买卖奢侈高档的商品，像珠宝玉石字画，买的人多，做这种生意自然更容易发财。

但是有三个来自山西的兄弟并没有这样做，他们卖的都是些很不起眼但日常生活开销最大、谁也缺不得的东西。所谓"开门七件事，柴米油盐酱醋茶"，他们的商号里除了茶以外，其他六样东西都卖，起名六必居。说起"六必居"，大家都知道是北京的百年老字号，却往往忘了其实这还是一家晋商的商号呢。某种意义上，多少有点中国沃尔玛的影子哦！

到清朝中叶，山西商人因为汇兑业务的需要，渐渐由经营商业向金融业发展。咸丰、同治时期，山西票号几乎独占全国的汇兑业务，成为执全国金融牛耳的强大商业金融资本集团。他们中有许多年收入高达千万两白银的富商，为中国商行创造了巨额商业财富。这当中，就有著名的乔家，当然现在乔家大概已经比不上他们家的房子出名了。

外商也凶猛

商业的发展在西方和在东方有着截然不同的境遇。

从集市的地位可以看出，商业对于希腊有着极大的代表意义。

集市是每一个希腊城市的中心特征。公元前15世纪的希腊，生活的各个方面几乎都围绕着集市，这里是公开举行公民大会和审判大会的场所。孔子对弟子们的教诲都发生在殿堂上、马车中或者田野里，非常有农业社会的影子。可著名的哲学家苏格拉底却是一边在雅典的集市漫步穿行，一边与他的学生交谈，真是购物和学问两不误啊！

希腊城邦的集市不仅仅是定期的交易场所，更是交换信息和进行社交活动的重要场所。商业的繁荣使得银行在古希腊时代就得到发展，存贷兑是古希腊银行的三大职能。更有趣的是，4 000年前的银行欺诈案被记录在案，仍告诫着如今的人们，圈套和欺骗是生意场上的常态。

公元前4世纪，亚历山大王朝的建立引来一个新的经济时代，帝国的疆土横跨欧亚非三洲，贸易壁垒被全盘打破，从红海到印度，亚非欧形成了一个空前的商贸圈，因而促进了贸易和工业的发展，一个从印度河绵延到英格兰岛的巨大贸易区就此形成。

中世纪，阿拉伯国家兴起，欧洲经济跌入低谷，从事商贸活动的多是东方人。值得一提的是，犹太人从此登上了历史舞台，开始崭露出非凡的生意天赋。甚至有人将这个时候高利贷的盛行归罪到犹太人的头上，认为正是狡猾奸诈的犹太人想出了高利贷这样不道德的生意手段，让自己走上暴富之路，却让更多的人家破人亡。这样的想法当然有偏颇——前文说过4 000年前就有银行欺诈案，可见做生意不择手段，在追逐财富过程中是不可避免或者说不可或缺的。犹太人得到这样的坏名声，实在跟莎士比亚的传世之作《威尼斯商人》有莫大的关系。可见除了商人记者不能得罪，对于作家或者更大一点说，写字的人都还是莫要得罪的好。

犹太人族群的兴起对于中世纪的商业发展有很大推动作用。尤其在地中海上，集市作为做生意和交流信息的集中地，从某种程度上超过了罗马集会。而且正是犹太人团结、家庭化的生意方式，使得他们在不知不觉中创造出一种新的商业形式。这种商业形式作为家庭资本主义的一部分，将要在以后的几个世纪里占主流。中世纪的商人和银行家不比亚历山大时期的少，而且看看《威尼斯商人》中的手段，如果从在商言商的角度来看，可真算得上是一个激烈的商战故事。那些商人、银行和总督之间纠结的关系，跟现代的商业社会何其相像。

中世纪欧洲的商业，也是从以货易货开始的。欧洲小国林立，商人们车马辚辚周游四方，用他们的商品交换日后有利可图的其他商品。欧洲在12世纪已出现了各种各样的票据形式。到13世纪初，成功商人必须拥有诚实经营并有支付能力的良好信誉，这一原则已经在西欧得到普遍遵行。到15世纪，信贷业已经发展到这样的程度：一个阿姆斯特丹的银行可以和一家威尼斯的银行通过对账进行结算。信用概念的出现以及发展成为经商惯例，是欧洲经济史上的最重大事件之一。那时的欧洲商人重视诚信，这一点和今天的中国商人是一样的。

现在虽然是经济全球一体化，但亚洲和欧洲的商业联系远不如欧洲和美洲来得紧密。不过从历史上看，东西方的商业联系应该是从亚历山大时代开始的，而西方与美洲的商业联系却从1492年才开始。想同美洲做生意，要先发现了新大陆才行。

此后的商业游戏玩法就大不一样了。16、17世纪的中美洲和南美洲积聚的金银比亚洲在上一个千年积累的财富还要多，哥伦布的地理新发现把人类社会和整个地球都镀上了一层金色，还使得海上贸易无比繁忙。想想那个时候，简陋的木船行驶在充满风暴、暗礁和海盗的大洋上，满载着的是香料、毛皮、丝绸、象牙、美丽的瓷器，真是令人热血沸腾。的确还没有什么时候比地理大发现时代把美、欧、亚、非的命运结合得如此紧密。

商业繁荣之后，在西方，为商业张目的理论，在过去一两百年里慢慢抬头。

20世纪30年代，哲学家A. N. 怀特海在哈佛商学院的一次演讲中说："伟大的社会是商人对自己的功能评价极高的社会。"《财富》杂志的创办人亨利·卢斯更是如同中央电视台的足球评述员一样斩钉截铁地说，商业即是"社会的核心"，是商业行为保证了对自由市场的严格要求，才有了自由社会的基础。

1904年，美国《企业家》杂志选用先贤名著《常识》中的一段话作为发刊词。此后百余年中，沧海桑田，物是人非，但杂志前面的这段话却从来没有改变。它被称为"企业家誓言"：

"我是不会选择做一个普通人的。如果我能够做到的话，我有权成为一位不寻常的人。我寻找机会，但我不寻求安稳，我不希望在国家的照顾下成为一名有保障的国民，那将被人瞧不起而使我感到痛苦不堪。"

"我要做有意义的冒险。我要梦想，我要创造，我要失败，我也要成功。"

"我的天性是挺胸直立，骄傲而无所畏惧。我勇敢地面对这个世界，自豪地说：在上帝的帮助下，我已经做到了。"

　　虽然他们说得那么有文采，但是对于商业和商人的看法，社会大众一直是有所保留的。唯利是图、不择手段等贬义词，始终与商人们联系在一起。一直要等到二战之后经济大繁荣，20世纪的四五十年代，企业因为全方位提供大众需要的产品与服务，它们才真正赢得美国社会的尊重。大商人乃至富商成为社会主流力量，也是这以后的事情。

第八章

登峰造极的商业对抗怎么玩

在中国90%的企业收购兼并是失败的，我不希望自己成为这90%失败者之中的一员，我们所有人必须正确面对整合的痛苦和整合文化之间的矛盾。

——马云

有一种游戏全世界80%的男生一想到就会耳热心跳，兴奋不已，当然也包括一部分比较有志气的女生。这种游戏每年成交的金额动辄千百亿美元，但失败率往往超过50%。这是怎样的疯狂游戏？答案是合并与收购（mergers and acquisitions， M&As，简称购并）。

　　踏入21世纪后的这10多年，世界没有变得像我们小时候看的科幻童话中写的一样科技发达，机器人满地乱走。但是这几年最轰动的金融动荡和IT业大洗牌，都比科幻小说和童话更令人神往。无数豪客富贾们倾情上演了一出出兼并收购的戏码给我们免费观看，牵涉其中的名字让人眼花缭乱、涉及的金额让人神经绷紧：花旗银行兼并案、AOL时代华纳兼并案、惠普收购康柏，甚至可爱的迪斯尼都让人看上要被收购。这些兼并收购动作给乏味的经济带夹了娱乐性和兴奋点，CEO也第一次比电影明星更拥有万人空巷的魔力。

　　兼并收购这种让人肾上腺激素激增的事件，也让人容易联想到中国历史上群雄逐鹿、合纵连横三国鼎立和三家分晋的种种传奇记忆。

第一节

收购兼并越玩越大

市场和资源一样，是有限的，当参与到商业博弈之中的人越来越多之后，就会出现越来越激烈的竞争。现代商业竞争的直接后果之一，就是兼并收购的间歇性爆发。

19世纪末20世纪初，商业社会的自由竞争到了白热化阶段，兼并收购作为企业间一种优胜劣汰的方式应运而生。资本主义进入垄断时代。在这场大洗牌之中，一批实力雄厚的王牌企业在竞争中扩张，如洛克菲勒、杜邦和摩根等。这些金融和产业寡头的出现，也将经济推向了最高温度。

20世纪的前20年间，一方面，经济增长率史无前例地超过了自由竞争时代的总和；另一方面，随着兼并收购的声浪飞速上升，伴随着的杀伤力也累积得越来越强，市场的高度垄断，股市的泡沫，终于导致1929年经济大衰退，谁的日子都不太好过。经此一役，社会才意识到，兼并收购原来也不能玩得太玄了，否则负面作用谁都吃不消。那时候，凯恩斯主义迅速抬头，各国的经济政策都来了个大调整。第一次反收购浪潮开始了，美国出台了《克莱顿法案》与《威廉斯法案》。这次反收购浪潮延续时间相当长，直至20世纪70年代末，各国政府仍将兼并收购视为灾祸而予以严厉打击。

世易时移，20世纪80年代初世界经济进入滞胀阶段，经济增长率出现大幅度倒退。各国政府意识到兼并收购的价值，于是对兼并收购网开一面。由于政府的纵容，兼并收购活动又活跃起来，到1988年更是发展到了顶峰，出现了超级兼并收购案例，即雷诺·纳贝斯克收购案。恶意收购逐渐使人们产生了厌恶感，1929年经济危机的阴影再次涌上心头，收购兼并被视为骗局。为了抵制兼并收购引发的金融泡沫和垃圾债券，美国35个州掀起第二次反收购立法高潮，比较有代表性的是《宾夕法尼亚州1310法案》。

由这一部简短但是暴烈的兼并收购史我们可以看到，只要经济上升到一定时期，兼并收购就会"由最不可思议的角度出现"，或者是在基础产业领域，或者是工业，最多是在金融服务业和新兴产业，似乎每个产业都注定摆脱不了要经历兼并收购的一次大洗礼。而兼并收购，必然带来的是大量的人事调整和利益重新分配，那些因为兼并收购而失业或者受伤的人，一定不会对并购有好感。

　　只是，就像潘多拉的盒子打开之后，兼并收购这个危险游戏，不论如何去打击压制它，它都能死灰复燃，一次次反收购浪潮总是无法改变这一怪圈规律。

第二节

收购兼并的游戏规则

20世纪90年代以来，商业社会的流行时尚是全球化，企业之间买卖的次数繁多，所涉及的财富更为庞大。要记住的是，以下的三大因素是新一轮兼并之风的直接动力，它们分别是公共政策、技术进步和国际分工。

在美国，20世纪80年代里根总统任内，反托拉斯行动已经基本结束。到了克林顿执政期间，更是对兼并收购大开绿灯。这一方面带来经济增长奇迹，另外一方面收购兼并的大环境也成了气候。例如，电气公用事业方面的立法，促使以前只供应天然气和电力的各种公司进入更广的领域，甚至开始向海外扩张；冷战的结束导致了国防事业公司的一系列兼并；互联网和计算机软件业中，众多富有前途却缺乏资金的小企业被财力充足但需要新思想、新血液的大企业——购入囊中。

不管是否愿意，身处兼并收购的浪潮之中，每个人都要学会顺应游戏规则，尽可能趋利避害，在兼并收购之中永续经营。

我们不妨来看看阿里帝国这一路走来兼并收购的游戏是怎么玩的。

1999年10月，阿里巴巴创建不满一年，以高盛为首的一批投资银行给阿里巴巴投了500万美元，马云的口袋一下子鼓了起来。那笔投资也让阿里巴巴成了当时互联网界最富裕的公司。之后没多久，马云被拉到北京去见了一个神秘人物——孙正义。马云原本准备的10分钟阐述发言只讲了6分钟便被孙正义打断，孙正义紧握马云的手，表示愿意投资阿里巴巴，随即双方定下了2000万美元的投资额。

2003年7月，阿里巴巴宣布进军C2C市场之后没几天，孙正义给马云打电话，劝他接受新一轮的融资。几天后，马云去了东京。那次东京的谈判很顺利，马云和孙正义签下了8200万美元的投资协议。这笔投资对于阿里巴巴具有重大的战略意义，也是风险投资对纯互联网公司的单笔最大投资。

两年后的8月，业界盛传阿里巴巴将与雅虎合并，当时出版的《福布斯》杂志上报道的是《雅虎并购阿里巴巴30%的股份，价值10亿美元》，而《第一财经日报》关于此事的报道，却是《阿里巴巴鲸吞雅虎中国，雅虎10亿美元陪嫁》。同一件事，出现了两种截然不同的解读，这让业界的好奇心达到了顶点，到底是谁收购了谁，没有人能够说得清楚。

谜底终于在当年8月11日揭开，出席新闻发布会的是马云和当时雅虎的CEO罗森格。在发布会上，马云宣布："我们这次是宣布阿里巴巴全面收购雅虎中国的所有资产，包括雅虎的门户、雅虎的一搜、雅虎的雅虎通、3721，以及雅虎在一拍网上所有的资产。同时，雅虎给阿里巴巴公司投入10亿美元，成为阿里巴巴重要的战略投资者之一。从股份情况看，雅虎在阿里巴巴的股份约占40%，拥有35%的投票权。在董事会中，阿里巴巴占2席，雅虎占1席，软银占1席，所以这家公司还在阿里巴巴的领导之下，我继续担任CEO。"

原来，这不是一次谁收购了谁的交易，而是阿里巴巴以股份交换了雅虎中国，而雅虎还搭上了10亿美元的陪嫁。雅虎的做法让人颇感疑惑，但马云的目的很明显，他看上的是雅虎中国的品牌以及雅虎所拥有的强大搜索技术。

2007年，阿里巴巴攀到了顶峰。11月6日上午10点，作为国内最大的电子商务公司，阿里巴巴B2B公司在香港联交所成功挂牌上市，开盘价每股30港元，较发行价每股13.5港元涨了122%，早盘前半段窄幅振荡，一度下探每股28港元，11：08后开始单边上扬，午收每股35.8港元，较发行价涨165%，晋身2007年港股新股王。

阿里巴巴上市后，受到投资者的狂热追捧，不仅成功融资17亿美元（包括超额认购部分），还瞬间创下全球互联网公司融资规模之最，刷新了谷歌此前的纪录，也因此创下中国互联网公司市值之最。

以开盘价计算，阿里巴巴B2B公司的市值已经超过200亿美元，成为国内最大的互联网公司。

阿里巴巴和雅虎合并时，双方协议约定，2010年10月以后，雅虎的投票权从35%增加至39%，在阿里巴巴董事会的席位增至两位，同时，在2010年10月之前，马云不会被辞退。这就意味着，从2010年10月开始，马云等管理层的投票权将从35.7%降为31.7%，雅虎将真正成为阿里巴巴的第一大股东，且有机会将马云从阿里巴巴踢出去。这对马云来说确实是一个芒刺在背的大威胁。

两年来，马云就回购雅虎所持阿里巴巴股份数量与雅虎多次接触，但几次交涉下来都是无果而终。时间过得很快。2012年5月21日，这一天是马云的大日子，因为困扰他多年的阿里巴巴股权问题终于熬到了解放的那一天。已经风光大不如前的雅虎，发现马云和他的子弟兵已经很难驾驭，终于决定基本放弃对阿里巴巴的控制权，选择收获现金，同意了阿里巴巴回购股权。

这一天，阿里巴巴与雅虎达成协议：阿里巴巴用63亿美元现金和不超过8亿美元的新增阿里集团优先股，回购雅虎手中20%的阿里巴巴股权。自此，马云及其管理团队对阿里的控制权超过50%，顺理成章成为阿里巴巴集团第一大股东。

成功从雅虎手中夺回阿里巴巴的控制权之后一个月，阿里巴巴打出资本市场的组合拳，宣布私有化退市计划。2012年6月21日下午4时，阿里巴巴B2B公司在港交所正式退市。阿里巴巴集团以每股13.5

港元的价格回购上市公司26%左右的股份，总共花费190亿港元。

对于阿里巴巴（B2B业务）的私有化的原因，马云说是为了适应国内外经济环境和互联网行业的快速发展，阿里巴巴迫切需要全面调整和变革。但是更多的人判断，马云是在布一个大棋局，为了阿里巴巴集团上市，后来马云将7个事业群拆分为25个事业部似乎也证明了这一点。

第三节

吃多了小心不消化

看上去精彩纷呈缔造了无数传奇的兼并收购，热闹是热闹，劲爆是劲爆，但是其最大的副作用在于容易消化不良。

事实上，即使是IBM的神奇总裁郭士纳也对于企业合并的执行文化融合大有顾忌。IBM"人象起舞"洗心革面的时候，郭士纳很多得罪人的改革措施都勇于尝试，唯独对待并购，他一直比较谨慎。

2003年10月14日，曾经是世界最大的媒体公司AOL-时代华纳正式发布公告称，从第二日起公司将正式更名为时代华纳，公司在纽约股票交易所的股票代号也将同步更新为时代华纳。此后AOL被看作是一个部门，而不是公司首要的一部分。

全球第一大网络公司美国在线在2001年1月正式并购时代华纳，这是科技网络繁荣年代最大的一起公司合并案，交易价值高达1560亿美元。此次并购号称强强组合——美国在线是全美最大的因特网接入服务提供商，拥有约2600万用户；而时代华纳是全球最大的传媒公司，为近2100万用户提供有线电视系统服务，旗下还有《时代》、《财富》、美国有线电视新闻网（CNN）和华纳兄弟电影公司等知名媒体、企业。两强合并后，成为集电影、杂志、电视和因特网服务于一体的超级媒体公司。

新组成的公司鼎盛时期市值曾高达2600亿美元，合并以后公司一直受到经营问题、文化冲突和过高的赢利期待等的困扰，而后来股价一跌再跌，市值缩水至巅峰时的一成！当时促成合并的谈判双方，时代华纳的首席执行官李文（Gerald Levin）和美国在线首席执行官凯斯都已黯然离去。

AOL-时代华纳这么快陷入危机或许与美国经济衰退、网络泡沫破灭有关，但必须承认的是，内部问题才是导致危机的直接原因。

美国在线是现代媒体的代表，时代华纳是传统媒体的老将，两家企业的经营方式与企业文化存在较大差异，再加上集团管理层缺乏跨行业管理及整合的经验，双方一直存在着隔阂与冲突。

每一对情侣或夫妻都需要经历一个磨合期，但是这些磨合也仅限于表面的一些小问题，如果双方的价值观和人生追求有根本的差异，那么经过再长的时间也难以磨合到一起，在一起的时间越长，对双方的伤害越大。美国在线与时代华纳显然在根本上存在差异，分手是必然结果。

2009年12月9日，时代华纳与美国在线正式"离婚"，这个结局对与二者而言无疑是双输的；同时，它又是二者新的开始，从这个角度看，这也是最理想的结果。

说到并购，高发区要数汽车行业。

1994年，英国航宇公司（British Aerospace）将其所持有的罗孚集团（Rover Group）80%的股权以13.5亿美元的价格卖给了宝马汽车（BMW）。当时宝马正在寻找一个相对低端的品牌充实其豪华性能车阵营。但是，尽管花了28亿美元的预算投资于新车型，宝马却从来没有真正扭转过罗孚品牌低效过时的做法，以至于这一收购最终成了个无底洞。2000年，宝马将罗孚集团分拆后，将路虎（Land Rover）卖给了福特汽车（Ford），将罗孚汽车卖给了一个投资财团，算是割肉止损，仅保留了MINI这一品牌。

只是，汽车业的常青树福特也无法让路虎重振雄风，只好在2008年将它卖给了印度的塔塔汽车公司（Tata Motors）。收购罗孚汽车的财团也没有起死回生的良方，只好在2005年将罗孚汽车停产了事。但MINI却成了宝马的一大摇钱树，MINI Cooper更是成了大名鼎鼎的高端小型车。在收购罗孚遭遇惨败后，宝马自己也经历了一次管理层的巨大动荡，但重出江湖后却比以前任何时候都所向披靡。

这里面分分合合的故事很精彩，但归根结底一句话，并购路难行，三思而后行！

第四节

并还是不并，这是一个问题

时光流转，到21世纪的新开始，商业并购的招数与时俱进。而各大巨型公司也纷纷穿上战衣，施展合纵连横之道，趟了一趟浑水。

肇事者之一是一间叫仁科的公司，它在2003年以17亿美元的价格收购了其竞争对手J. D. Edwards，晋升商用软件业老二的宝座，搅得老大甲骨文公司寝食难安。甲骨文公司学了一招金庸小说里面的功夫，要"以其人之道，还治其人之身"，宣布要以51亿美元的价格逼婚仁科，真可谓是"螳螂捕蝉，黄雀在后"。仁科吓到花容失色的同时，也不甘示弱，要跟老大死掐到底，到处唱衰甲骨文，说它仗势欺人，恶意收购。

甲骨文一方的埃里森埃素以虚张声势和坦率直言而著称。而仁科方的克雷格·康韦（Craig Conway）也曾在甲骨文就职，他的执著性格越遇到压力就越不屈服。双方CEO面临大战，都是屁股决定大脑，从各自立场出发在面对媒体采访时都信誓旦旦表示胜利一定会属于自己一方。

甲骨文把价码提高到94亿美元，仁科居然还不就范，此事终于闹上公堂，等待美国司法部的判决。

这场收购之战在业界掀起了轩然大波，并在一年半之后以甲骨文的胜出收场。2004年12月，甲骨文以每股26.5美元的报价成功收购了足足抗争了18个月的仁科。

这个故事告诉我们，收购者他日人必收购之，你在江湖走，就难免要挨刀。在做成IBM之前，不如先找个地方练练手吧，要不然真枪实弹地干起来，难免死得太冤。

很多外资企业要进入中国市场，实现其中国业务的本土化发展，往往都会采取收购本土企业的方式，例如eBay收购易趣、亚马逊收购卓越、雅虎收购3721等。不过也有对外资企业并购坚决说"NO"的。

2005年，全球搜索引擎老大Google进军中国市场时百度在中国已占据了大部分市场份额，Google想要快速占领中国市场，收购百度是再好不过的方式。

百度计划在2005年8月上市，然而，上市前一个月，Google老总施密特带一行人秘密到访百度。当时外界纷纷猜测，施密特可能会阻止百度上市，也有业界人士称Google收购百度是板上钉钉的事。不过李彦宏可从来没想过把自己的"孩子"卖掉。

后来，李彦宏回忆说，施密特对他说，百度可以不上市，Google可以收购百度，但还没等施密特开价，他就断然拒绝了：百度上市是泼出去的水，收不回来了。李彦宏的意思是，不管你出多少钱，我就是不卖。

结果Google一行人非常失望地离开了。8月5日，百度如期在纳斯达克上市。之后几年，Google终因种种原因退出中国。

同样不甘被外资企业收购的互联网企业还有电商大佬京东商城。

2010年12月24日，刘强东在采购签约发布会上透露，京东公司已经完成C轮融资，到账总额超过5亿美元。这是个令人兴奋的消息，更重要的是，刘强东宣布参与此次融资的投资机构涉及6家，投资方包括了俄罗斯投资者数字天空技术（DST）、老虎基金等6家基金和一些社会知名人士，其中DST投资了5亿美元，沃尔玛是其战略投资者之一。

这个消息吸引了公众极大的兴趣，沃尔玛成为京东商城的战略投资者，不仅对电商业，对零售业也会产生巨大影响。但戏剧性的是，5天后刘强东在自己的微博中否认了这一说法，"有件事情声明一下：目前有关京东融资的报道都是传言，包括沃尔玛的报道，正式消息要到年后公布。"

京东商城的C轮融资投资者中确实有沃尔玛，但一直到刘强东发言的这一刻，双方在融资条件上还存在分歧，并未能完全达成一致。沃尔玛的想法是以占据绝对控股权的方式并购京东商城，而刘强东很显然不愿意失去控股权。

之后，就这一关键问题双方陷入了艰苦而漫长的谈判，最终，这桩看起来很靠谱的投资告吹了。刘强东后来发微博称，沃尔玛投资京东商城的谈判历时半年多，估值等全部谈妥，最终唯一无法达成的条款就是沃尔玛要求必须早晚能够控股京东商城，直到全盘收购，而京东商城的管理层和股东可以得到一大笔现金退出。对于这一条款，京东商城无法接受，最终没能达成交易。同时，刘强东表示，沃尔玛家族的退出对于京东商城第三轮融资的15亿美元并无影响，并表示"京东仍是绝对控股方"。

第五节

分久必合，合久必分

在一片合并浪潮之中，也有不少人在做分拆出售的事情。

市场中人慢慢也意识到，原来企业的合并，收获的常常不是龙种，有时候还真是带来跳蚤满天飞的恶果。

他们总结出来并购的N个坏处如下：

第一是以蛮力为依托，以大吃小，实行寡头垄断。放眼各行各业，都是以 "合并为主，以大为尊"来为领导者经营失败解套。从汽车到飞机，从银行到电话，皆是如此。大计算机公司的合并到目前还没有成功的先例。

第二是管理者自私自利：平时给自己大发红利和股份，一旦经营不善收益下降就全部推到市场头上，甚至一拍屁股走人；组织重组，资源整合，常常成为其浑水摸鱼的幌子。

第三，管理者决策失误也好，存心徇私也好，到头来搞垮了业绩，而最倒霉的则是在商业生物链低端的众多公司员工，不信的话，看看安然、康柏和安达信以及其他电讯类公司数以万计员工的下场。

20世纪80年代初，美国大多数大公司还把它们赢利的大约70%拿出来分配给员工。这些公司付给公司员工的数额，高于劳动市场上各类可比较工种的平均数。同时，公司中赢利较好的部门通常会资助赢利较差的部门。毕竟，商场环境百变，整个公司可能是赢利的，但并不是每一部分都会达到赢利最大化。只是，放松调控的金融经济把这种社会优点变成了经营管理上的弱点。

华尔街投资银行的金融掮客们发现了这种企业"低效能"现象，并为20世纪80年代的投机者打开了天上乐园的大门。他们心怀叵测地靠信贷收购股份公司，然后化整为零地重新向市场抛售以弇取利益，同时却免除了一切可能避免的费用和过高的劳动力支出。这种削减雇工战略，随着反应购并风潮的典型电影《华尔街》的上演而风靡一时。在这部影片中，毫无人性的金融界掮客戈登·格科，靠牺牲全体员工把一家航空公司搞垮了。经过好莱坞的宣扬，片中描绘的战略也广为人知。

没事拆着乐

分拆，也是商业运营里面的常见手法，企业不一定是很大很大才好，这就是经济学里说的规模效应。太大的公司，有一个由规模经济变为"规模不经济"的问题。很多公司，到了一定程度，就会把一些业务卖出去。最典型的，就是韦尔奇管理下的GE。

杰克·韦尔奇有一个很著名的管理理念："Number One，Number Two"，即"不是第一，就是第二"。他要求GE的所有投资必须在该产业做到第一或第二，如果是第三的话，就坚决退出。这可以算得上是老杰克的控制哲学，很简捷直接，甚至有点机械，但却能保证足够的控制和安全。此举伴生的是大量的裁员，即使是赚钱的行业也要坚决卖掉和裁员，这种策略，一时间要所有人都接受是比较难的。随着后来的批评增多，老杰克也作出调整，提出的改良思路是"界定产品的市场半径从而确保自己的领导者地位"。在评判产品的领导地位时，GE把市场进行细分，将其总的市场份额限定在某一细分市场1/10的范围内。通过这样的细分，通用对市场进行重新解读和界定，在这样的市场细分化过程中，决策者更为清晰地了解到自己在产业和市场上的角色，进而对产业的纵深化发展有了新的认识，发现了新的产品空间和服务机会。

100多年来，芬兰诺基亚一直是生产纸浆和纸张的公司。20世纪80年代以后，该公司试图转向多元化经营，但不成功。20世纪90年代初，一度处于极度困难，这时41岁的乔马·奥利拉就任总裁。他开始将注意力集中到移动电话和数据传输业务上，加强了诺基亚原有的移动电话部门，并削减了其他部门。更为重要的是，诺基亚集中精力研制新一代数字移动电话，而不是当时已经成熟的模拟技术；随着其技术能力的快速提高，诺基亚成功获得移动电话市场的领导优势，连续15年占据手机市场份额第一的位置。不过，这两年公司错过了智能手机的主流浪潮，不仅被苹果打败，还被三星等新生力量赶超，日子难过。2013年元月，他们就宣布停产一度倚重的"塞班系统"手机，这其实也算是一种分拆，而且是壮士断臂式的。

2000年9月，一个名为神州数码的公司成立了，这是柳传志经过深思熟虑从原来的联想集团分拆出来的。自此，原来的联想集团正式将自有品牌PC和分销代理业务分拆开来，分别命名为"联想集团"和"神州数码"，均为联想控股公司控制。

将联想分拆原因之一是联想内部业务冲突，自制品牌产品与代理品牌产品之间的矛盾日渐突出，其二是出于接班人问题的考虑。杨元庆和郭为是柳传志的两大爱将，在谁为正谁为副的位置问题上很难抉择。分拆之后，杨元庆出任"联想集团"的总裁，郭为出任"神州数码"的总裁，二人便能更好地发挥作用。

联想拆分，当时业内很多人并不看好，也有人建议二者尽快合并。2001年6月1日，神州数码在香港成功上市，标志着联想分拆战略的初步成功。一直到2013年，神州数码还是按照自己的节奏不紧不慢地发展，占据细分市场的一定份额。

人间总是上演分分合合的悲喜剧，商界也是分了合，合了分，只要有利于企业更好的发展，这都不叫事儿。马云刚刚费尽周折将阿里巴巴几个子公司合并为一个大集团公司，很快又拆分了。

2010年，马云把淘宝一拆为三——淘宝网、淘宝商城（天猫）、一淘网；2012年，马云从雅虎手中回购20%的阿里股权；随后阿里B2B公司从香港退市。当时，就有人猜测马云要布一个大棋局，果然，没过多久，马云便宣布将旗下六大子公司变为七大事业群，以达成"One Company（一个公司）"的战略。

只不过，这个战略实施仅两个多月，马云便改了主意，他在阿里巴巴集团财务部年会上说："我们好不容易把这个公司变成'One Company'体系，后来发现Company这个字是错的。"

随后在接受电视采访时，马云说未来阿里巴巴或将分拆成30家子公司。《财经》杂志报道称，阿里巴巴未来的分拆原则和次序是：大淘宝平台将首先被分拆，多个成熟的垂直业务和具备战略意义的业务将从现有架构中剥离，单独成为业务单元或子公司，如淘宝旅游、无线业务部；紧接着是金融方面，也将择机分拆出两家到三家子公司；在数据平台方面，目前暂时仍以阿里云、淘宝商业智能部为主，未来会有更细致的拆分与调整。而这一分拆次序符合马云在2012年9月提出的"平台、金融、数据"梯次战略。

果然，在2013年1月，马云通过一份邮件公布了阿里巴巴的拆分方法。"基于上述考虑，集团将调整原有业务决策和执行体系，新体系由战略决策委员会（由董事局负责）和战略管理执行委员会（由CEO负责）构成。同时，现有业务架构和组织进行以下相应调整，成立25

个事业部，事业部的业务发展将由各事业部总裁（总经理）负责。相关事业部负责人的人事任命将由集团组织部近期宣布。支付宝、阿里金融以及集团其他业务将在之后另行调整。"

在邮件中，马云还公布了集团战略管理执行委员会成员，并对各成员做了具体分工。同时，在马云公布的25个事业部中，淘宝事业部不见了，专门建立了无线事业部。这被外界看作是阿里巴巴打造无线互联网的基础。

马云说，这是阿里巴巴13年来最艰难的一次组织、文化变革，因为这不是一次看见了问题的变革，也不是一次水到渠成的变革，而是为了实现未来理想，更是因为大家在做没人做过的尝试。

对于马云的拆分方法，有人认为是为IPO融资作准备，也有人认为是为了解脱大集团的束缚，避免内耗，更多的人只知道马云在构建商业生态系统，对于这种拆分方法的未来表示看不清。如鱼饮水冷暖自知，马云与阿里巴巴注定只能在前无古人的这条中国式互联网公司之路发展狂奔。是先驱还是先烈，还得看马云与他的助手们的实力与造化了。

那些悲剧的企业人物

　　古典希腊悲剧的主角，通常都有与生俱来的严重心理缺陷，导致最后必然面临毁灭的结局。一般而言，这种因为本性而导致的失败，不论是傲慢、自大或眷恋权力，似乎都是天才注定的命运。在古老的传统里，这些让英雄伟人名留青史的特殊个性，往往也是让他们最后一败涂地的原因。对于商场来说，这样的看法，虽然略微有一点点美化，但也确有其事。

　　金融学家郎咸平2002年开始全面研究中国公司现状。他对笔者多次叹息道，中国的民营企业，极少希望未来做到更大的事业！其后几年，由当时显赫一时的德隆集团起，多家知名公司在他的财务分析报告公布后，引发这样那样的问题应声而倒。这种效果固然充满戏剧性，但是多年后回想起来，场面也甚是惨烈。

作为在世界权威学术杂志上发表论文数量位居华人经济学家前三位的佼佼者,作为一个多次撰文抨击海内外金融资本市场的专家,郎咸平对于自由市场的认知是不容置疑的。他对于民企的感觉,除了哀其不幸,很大程度上也是怒其不急。曾经,关于民营企业"原罪"的争论此起彼伏。其实,民营企业的"原罪",除了所谓的原始资本积累的暧昧和成长期间的寻租之外,恐怕不能忽视的,也包括这一类企业的运营以及管理方面的先天不足。

中国短期内要完成西方国家六七十年的工业化进程,牺牲第一代人走上正轨,似乎是不可避免的。民营家族企业的第二代、第三代管理者在知识结构、管理能力、道德水准以及对制度的选择上都会和前辈大大不同。

跨国企业难,国有企业难,民营企业也难。

大家千万不要以为这些人物离我们太远,因为你我就会搞起一家虎虎生威的民营企业!

首富黄光裕的坠落

近几年,最令人唏嘘的失败例子恐怕要数国美电器创始人黄光裕了。这位曾经三次问鼎内地首富,被无数创业者视为学习榜样的大老板,在他最光鲜的时候突然陨落,饱受牢狱之苦。整个过程非常戏剧性,但是对于个人来说那可就是悲惨故事。

曾经穿梭政商名流、追逐金钱游戏的国美商业帝国当家人黄光裕，出身农家，从小家境贫寒。1986年辍学后，只有17岁的黄光裕跟着哥哥东拼西凑在北京创建了国美。

几年下来，兄弟俩将国美经营得有声有色，并开始在全国发力。几乎一夜之间，国美连锁店如雨后春笋般覆盖了全国。2004年，国美电器在香港成功借壳上市，凭借238亿元的年销售额在中国所有连锁企业中位列第二。同时，黄光裕个人资产突破百亿，第一次跃升内地首富。在之后2005年和2008年的胡润"中国内地富豪榜"上，黄光裕分别以140亿元和430亿元问鼎首富，缔造了一个从草根到首富的传奇。

然而，就在黄光裕和国美电器如日中天的时候，黄光裕却被曝出涉嫌非法贷款。随后黄光裕兄弟二人被立案调查。2010年5月，黄光裕因犯非法经营罪、内幕交易罪和单位行贿罪，被判处有期徒刑14年，并处罚金6亿元，没收财产2亿元。国美帝国也受到重创。

看着他盖高楼，看着他楼塌了。

有时生意场的风云，比起那些粗制滥造的电视连续剧的情节还要让人触目惊心。

说实话，像黄光裕那样白手起家，经过多年浴血奋战，从一个辍学少年到亿万人瞩目的首富，创造了一个不可思议的财富帝国，已经不是寻常企业家能够企及的境地，但是，金钱能成就一切，也能毁灭一切，再精明的商业天才，也难免在欲望和金钱面前迷失自己。

国内有上富豪榜的老板私下说过真话，他能够打下现在整个十几亿元的江山，半夜提心吊胆，生怕企业哪天出了什么差错。他还说，他最欣赏的古人是文天祥。因为文天祥有一篇自述文章，非常传神。文天祥说自己在抗元的历程中，有数十次面临死亡。富豪老板每每看到大呼有同感，说自己做企业其间遇到各种惊涛骇浪、要死要活的时候，也有几十次！

不知道其他企业家，是否也有共鸣？

第九章

"用人"是个复杂问题

很多人老是在追求优秀的人才，但你不可能找到最优秀的人才，你得找到最合适的人才，变成你最优秀的人才。我们是平凡的人在一起做非凡的事。

——马云

创业任务的最后一项，是一个不得不重谈的"老调"，那就是如何发挥管理优势搞好人力资源，让更多的人才为你所用。重视人才和用好人才，真正是说来容易做起来难。因为就算我们熟读人才格言三百句，还是没有办法在任何时间地点，随手就捡到一个合适的人才。

刘邦其实只是一介粗人，识不得几个字，他一统天下之后，自己总结取胜之道是用人得宜，"夫运筹帷幄之中，决胜千里之外，吾不如子房；镇国家，抚百姓，给馈饷，不绝粮道，吾不如萧何；连百万之军，战必胜，攻必取，吾不如韩信。此三人，皆人杰也，吾能用之，此吾所以取天下也。"

刘邦毕竟是一代人杰，一般的商人可没有他那么高明的手段，所以我们在商业运营之中，经常听到有企业的掌门人累得趴下。淘宝网店的女老板还有因为过劳而香消玉殒的，实在令人唏嘘。公司每天打开门做生意，由经营、管理、财务到商战准备，几十上百项任务，如果没有一个合适的团队，光是老板一个人，24小时都忙不过来！这个时候"权力下放，基层管理"就不再是一句空话，目前，虽然中国人力资源总量多，但人力资源素质相对偏低，且结构配置不合理，人才地域性分布明显，企业用人观念相对陈旧，人力资本投资强度低，培训体系不健全。

现在讨论得沸沸扬扬的经济全球化竞争，对我们冲击最大的不是市场，不是产品，而是对体制的冲击、对人的冲击。你想创业成功，就需要有一队能干高效的人马。目前，我们要把用人这个复杂问题加以分解处理，首先是如何发现人才；其次是如何锻炼培养人才；最后是如何充分发挥人才的作用。

第一节

只选"对"的，不选"贵"的

关于人才，创新工场CEO李开复有一段著名的论断，概括来说，有下面两个意思：

1. 你招的每一个人都应该提升团队的平均水平。

2. 一流的人会雇佣一流的人，二流的人会雇佣三流的人，因此当公司有二流的人进来的时候，团队就在往三流走。

不仅如此，李开复还强调，每个企业应该将20%的精力花费在挖掘人才上。

应该说，李开复的观点代表了相当一部分企业家的想法，但是，"千里马常有，而伯乐不常有"，能成功驾驭千里马的人是少之甚少，如果公司里所有的人都是千里马，恐怕结果不一定尽如人意。

这个苦果马云尝过。当年阿里巴巴创办不久，马云获得了一笔

500万美元的风险投资。拿到钱的马云做的第一件事是从海外招聘优秀人才，他当时对外炫耀，除了自己以外，阿里巴巴的高管全部来自海外，都是MBA。不过，他很快发现，这些"顶级人才"个个都能将企业战略讲得头头是道，但没有实践经验，一上手就不行了。后来，这些海外人才大部分被马云毫不留情地开掉了。

所以马云得出这样一个结论："我不找一流的人才，但我也不找四流的人才。天生我材必有用，我不相信有一流的人才，我只相信有一流的努力。"

他在《赢在中国》的一期节目中说，与那些35~40岁已经成功过的人一起创业很难，创业时期要寻找那些"没有成功、渴望成功、平凡、团结，有共同理想的人"，所以，他建议创业者在寻找创业伙伴时要请最合适的人，而不是请最好的人。好比一辆拖拉机，给它装上波音的引擎也毫无作用。

2%和大于239美元

那么到底什么样的人是合适的人才，就凭匆匆一面、寥寥数语，怎么把对的人从茫茫人海之中打捞出来？这可是一门艺术。

每个公司都会有一种人大谈特谈愿景和哲学，另一种人则热烈地谈论完成任务的细枝末节，他们为了完成任务突破了多少障碍，以及他们如何与反对者战斗到底并最终完成了任务。那么后者就是好人选，因为他们是善于行动的狂热者，至少能节约不少口舌工夫。

从行为来看，要选那些完成"最后2%"工作的人，而不是那些能猜到开头却老是猜不到结局为什么的状态飘忽者，身为商业汹涌浪潮之中的公司CEO——领导者，总不能一天到晚忙着收拾"公司政治残局"，一定要记住，最后2%真正体现了工作激情的本质。

不过，鉴于我们生活在一个"智力资本"的时代。我们这些受过大学教育和训练的白领工人现在所做的75%~90%的工作，将很快能被一个价值239美元的电脑所取代。因此看一个人是不是人才，也有一个相当简明的标准，就是他有没有比电脑多那么一点点可用之处。

哈佛大学的教授霍德华·加德纳（Howard Gardner）提出了多重智力（MI）的概念。加德纳认为，至少有七种正式的、可计量的智力：逻辑数学的、语言的、空间的、音乐的、肌肉运动知觉的、人际的和内心的，每一种在改变世界方面都有各自不同的作用。

问题是，几乎所有的学校教育以及公司招聘和激励系统都是以逻辑数学这一种智力为核心的，其次重要的是语言方面的能力，而其他五种智力因素被大多数人忽略。结果就是：人不如电脑。

在马云看来也是如此，"中国人的文化说勤劳勇敢，勤劳是很重要，机器是永远不会偷懒的，人和机器最大的差别是我们懂得创新"。

这是一个智力资本的年代，一个回报好奇心的年代。在这样一个年代，我们似乎更加需要那些从一开始就会反驳和质疑的人才，那些有决心走在众人前面并快速前行的人才，那些不被他们所反对公司官僚作风羁绊的人才，否则，你这个小公司，又怎么能够获得超常规速度的发展呢？

创造性和女性

几年前的一期《商业周刊》中提到："雇用多样性的甚至是古怪的人，将他们按照预想不到的方法搭配在一起，要求他们去完成某项不同寻常的任务。这样做能够给你带来意外的惊喜。"这种道理有点大而化之，但应该是所有志存高远者选择人才时候的标准。

不过，所有人都知道，最好的公司是最有创造性的公司，而根据科学家的研究发现，女性即兴发挥创作的能力优于男性。女性比男性更为自觉和自信。所以，也有一种用人理论就是，尽可能地任用女性职员。

其实女性比男性更会欣赏和容易依靠直觉。与男性不同，女性很自然地倾向授权，而不是专注于等级权力。原来，女性在理解和发展人际关系上比男性更为得心应手。

素有"任大炮"之称的地产企业家任志强，一向以"冷面"示人，在公众面前常常是双眉紧蹙，没有几句软话。但谁能想到，他对待公司的女员工却深怀感激。他管理的华远公司的女员工有一半之多，其中很多都是二十几岁进公司，一干就是十几二十年，在任志强看来，这些女员工将青春献给了华远，如果没有她们，公司的业绩不会如此辉煌。2007年3月8日这天，他在博客发表博文感谢公司女员工："缺少了她们，公司就缺少了动力，就像茂密的树丛中缺少了花朵、肥沃的土地中缺少了水分，她们已经成为公司中流动不息的血脉，贯穿在公司的强壮体魄与四肢之中。在这个一年一度的节日之中更应感谢她们为公司作出的贡献。"我参与的财经剧《拆弹专家》，第三集就是在华远地产办公楼实地拍摄。现场协助剧组杂事乃至出演的华远职员，绝大多数是女将，而且执行坚决、动作麻利，给客人们留下了深刻印象。

因此，你想拥有很多优秀人才吗？你想让你的公司具有非凡创造力吗？你想成功吗？请多把机会给女性职员吧！

身为女性创业者，评价女人与男人的优势劣势，也有不一样的角度。

一位互联网的女性前辈创业者就这样感慨："三十岁是女人的一个分水岭。在二十多岁的时候，男女其实差别不大。到了三十岁的时候，女性如果仍然能保持一种激情，继续吸收新的东西，努力投入地做事情的话，这时她们会锻造出非常优秀的品质，所有的优秀潜质都将发挥出来。在大企业里面，你时常能够发现，越是到了三十岁以后的女性做事越是稳健，把事情交给她，你非常踏实放心。当然，如果说女性在三十岁以后不思进取的话，那她的人生也就开始走下坡路了。"

改不掉的性格缺陷

给大家讲一个故事，故事的主人公马小姐是一位传媒人。

马小姐算是资深白领，最早是由长沙做起，北上京城，南下深圳，最后在广州落脚。不过，虽然她工作比较勤奋，也很有点自己的想法，对于行业里面的趣闻逸事知道得不少，朋友也有了不少，可惜在各地的媒体里面，她都没有得到很好的发展。

马小姐曾在我的部门里面任职，每次总是不能定时完成工作，后来一问才知道，她工作虽然勤奋，但却有一个容易分心走神的习惯。例如在报纸上看见个什么事情，她就会很有兴趣地把手头事情放下，上网找或到处问问来龙去脉，磨蹭许久。又例如工作时候她接到一个私人电话，就能谈上半个小时，而且常常之后还想着电话里面的事情。结果弄得经常要加班加点才能赶出稿件。后来主管和她谈过，老板也亲自督促，马小姐自己也觉得很委屈，说是多年的习惯，所以很难改变。她先后换到过日报、周报、月刊，都没能磨合好，最后，她决定从头再来，转行去广告公司，那边的运作节奏允许她这样弹性工作，这样她终于找到感觉了，大家也松了一口气。

比起马小姐来，另外的一名同事小范就没有这么好的运气了，她也是年轻的传媒人，好学认真，优点很多，可是就一点麻烦，老是迟到。而且每次一迟到就是三四十分钟，这让合作者叫苦不迭。据同事反映，她不是喜欢迟到，但是她每天安排的事情特别紧，而她出发动身又总是迟，还要打个电话、找串钥匙、梳个头什么的，常常是第一件事情开始迟到，后面的第二、第三件事情也相应都给耽误了。后来范姑娘在这家大报社终于没有能够熬过实习期，灰头土脸去了别的报社，但是听说在那边也是发展很不如意。

根据现代人力资源的管理来说，企业通常需要尽力为员工提供较好的工作环境和培训机会。但是如员工有容易迟到或者分神这样的个人性格缺陷，就不属于企业人力资源部门能够改变的。西方一些社会学家就提出，命好不如习惯好，说的是在现代企业之中，有良好行为职业习惯的雇员，更容易适应工作，相应的发展机会也更多。很多著名外企对于国内青年员工的评价是有冲劲有想法，但是有很多坏习惯，这也使雇主失去了耐心。

"做得好、写得好、说得好"

万科不仅在房地产业务方面领先，而且它的人力资源管理也是内地企业之中最好的之一。这里面有很多经验值得那些渴望成为一个成功的公司领导者的人借鉴。

例如，万科的人才理念是一个相当完整的体系，其中非常主要的一条就是培养职业经理。对人才的基本要求都是围绕这一理念展开的。如招聘的时候，万科的首要原则是"德才兼备，以德为先"。"德才兼备"当然是最理想的，这样的人才万科最需要，但现实中万科不可能对所有人都提出这种很苛刻的要求，在这种情况下，万科会更强调"以德为先"。这里的"德"主要指职业道德、职业心态。另外，万科对职员的要求还有专业技能、团队精神、学习能力、理性等要求。同时，万科还有一大特色，那就是在招聘中，还要求管理人员"举贤避亲"，万科成立至今将近30年，这条政策也坚持了近30年。万科的考虑主要是要避免传统企业人际关系复杂所带来的管理问题，给职员提供公平竞争的机会，希望公司内的年轻职员完全凭自身的能力来获得没有天花板的上升空间，而不是靠裙带关系。这点上，一般的年轻人创业，做了公司高层员工的时候，用人往往倾向于找熟人和关系，未必有魄力完全杜绝社会关系。其实，真正做大事还是得看能力，光靠熟人互相帮衬，恐怕难以成就一番大事业。

万科提拔年轻人才，对德、才的要求标准或者程度会更高一些，但关键是要求员工在工作中体现出出众的工作业绩，还要具备团队精神，善于与人沟通。万科内部的说法就是"做得好、写得好、说得好"。因为房地产开发是一项需要团队紧密配合，需要对大量的社会资源进行有效整合的行业。当然，在选择管理人员时，管理意识和管理技能也是考虑的一个重要因素。所以，当身为公司掌门人，任命你手下的大行首和城主的时候，最好也得做到以德为先和举贤避亲。

万科用人不大看重学历，这也是中国式大公司的好处，因为职位太多，不能光指望高学历名校生来包揽。具体来说就两条：一是愿意干，有万科需要的职业道德素养和敬业精神；二是能出色地完成本职工作。所以，用这两条标准来衡量，博士生和保洁员在万科都是有机会的，公司会给予同样的尊重，同样的培养，同样鼓励他们在各自的岗位上追求卓越。一般来说，会这样喊口号的公司很多，但是很少真的能够像万科这样，让一个水电工最后做到集团物业总监，让几个三十出头的年轻人能坐镇一方，管十几亿元的大生意。

万科的用人标准与马云的用人观念有异曲同工之处。马云的用人观念很务实，他喜欢唐僧团队，因为这是企业普遍存在的团队，是正常现象，他赞扬："唐僧的使命感很好，我的目标就是西天取经，是一个煽动性很强的人，唐僧这样的领导不一定要会说话，只要慈悲为怀，这样的领导很多企业都有。孙悟空呢，能力很强，品德很好，但是缺点也很明显，企业对这样的人是又爱又恨，这样的人才每个企业都有，而且有很多。猪八戒好吃懒做，一个企业没有猪八戒是不正常的。沙僧懦弱无能，挑担牵马，八小时工作制，这样的人企业里更多。"这些人组成的团队，虽然平凡，但是经过九九八十一难，总能取到真经。他常常说自己也是个平凡人，阿里巴巴里都是平凡的人，只是在一起做了不平凡的事。

马云不喜欢用太优秀的人，他曾一度反感MBA，因为这些人往往会争着抢着要当CEO，没人愿意做具体事。马云上学时成绩并不是很好，顶多是中等偏上，也许是基于此，他不喜欢用学历来约束人，反而喜欢中等偏上的毕业生，"读书特别好的前三名，往往特别能读书，未必能做事，到了社会以后，还是想做前三名，那很难"。

马云喜欢从两个方面考核员工，一个是业绩，一个是价值观，只有二者兼具的人才能留在阿里巴巴，"如果一个人业绩很好，但没有价值观，我们管他叫做野狗，这种人是一定要被踢出去的。还有一种人，业绩虽然不好，但他的价值观非常好，我们叫他小白兔，也要杀掉的。我们留下的人必须是业绩、价值观都好的人"。

把饭桶变成人才

选择一份职业即是选择了一种生活，选择一个企业即是选择了一种未来。这基本上是我们现实生活的真实写照。本来，职业生涯规划与开发就是个人和组织对前途的共同瞻望，是彼此依存的承诺。人可供挖掘的潜能究竟有多大？马云经常讲这样一个故事，他的一个亲戚家里失火了，这个人来来回回提着木桶装水灭火，跑了数趟，直到将火扑灭，结果第二天连空桶都提不起来，因为灭火时把潜力都发挥出来了。马云说，如果有一只老虎在后面追你，你奔跑的速度连自己都意想不到，人在挑战自我、挑战极限的过程中，自身能力能够得到有效开发。而人的潜能开发如果成为一种组织行为，势必会形成一股不断壮大的潮流。国家提倡并实施素质教育，各机构组织着力关注员工的未来与发展即是有力的佐证。

美国有一个非常著名、人气很旺的经济学家舒尔茨，他研究美国1929—1957年近30年间的经济增长中，各种投入因素对经济增长率的贡献。结论是资金的投入以及土地、厂房、设备等的投入都得出了增长率，但有一块增长率按传统经济学观却找不到。最后经过反复论证，发现这部分增长率是对人的投入所得到的，进而引发了人力资源管理的一场革命。

管理学大师托马斯·彼得斯（他的名作《追求卓越》成为第一本销量过百万的管理类书籍）曾说："企业唯一真正的资源是人，管理就是充分开发人力资源以做好工作。"经济学家指出，人力资本是人掌握的知识、技能、精力、事业心和创新精神等一切具有经济价值的资源的总称。人力资源的一个特点是，它的载体是个人，只有个人才能启动自己的人力资源，并控制这些资源的供给程度。由于这个特点，人力资本天然属于个人。

无论法律上是否承认个人对其人力资本的所有权，在现实中，人总是实际上控制着自己的人力资本。从强调对物的管理转向重视对人的管理，是管理领域中一个划时代的进步。而把人当作一种组织在激烈的竞争中生存、发展，始终充满生机和活力的特殊资源来刻意地发掘、科学地管理，已成为当代先进管理思想的重要组成部分。

"伟大的、好的思想从何而来？"这是天天被张朝阳挂在嘴上的问题。2000年以前在中国互联网界知名度非常高的麻省理工学院媒体实验室负责人尼古拉斯·尼葛洛庞蒂给出过这样一个高深的解答，

"答案很简单！来自差异性。创造力来源于难以并列；而实现差异最大化的方法就是在团队中搭配不同年龄、不同文化和不同专业的人"。

《大宅门》里，白家二奶奶带着6岁的儿子打上人家店里去摘牌匾的做法，其实细细想来也不一定可行。培养接班人的过程不是这么戏剧化的。

惯于头脑风暴，开超级大公司先河的IBM公司告诉我们，我们要从转变基本的"管理"逻辑开始：这种管理逻辑的转变应该成为"我们"能为"他们"做点什么。而不是"他们"能为"我们"做点什么。优秀的职业领袖蒂姆·豪尔（Tim Hall）也说："企业不应该强行要求他的员工按规定的方式来工作，他们必须给新员工提供机会，使他们能够形成认同感和适应感，从而可以自己管理自己的工作。"

IBM几乎是现在跨国公司之中的典范。它一年对新人的培训费将近百万元。有IBM的高级员工，当年从美国大学毕业，第一份工作就是进入IBM，而最让他讶异的是，进了公司前半年不必做事，每天只需上课受训，半年内光是和IBM亚洲各分公司的新进人员一同去香港受训，就去了三次，而且每次都住五星级饭店。

第一份工作就在IBM，服务多年的某科技组经理曹先生，刚进IBM的时候，也是约有9个月的时间都在接受新进训练（entry-level training）。如此不惜成本对待刚进公司的新人，所为何来？原来是让他们开眼界。"因为我们以后要去拜访客户的总经理、副总，档次、格局很重要，所以公司愿意不惜成本，给我们视野与自信。"

阿里巴巴与IBM有相同的人才培养观念。马云相信人才是可以培养出来的，他说："我们坚信员工不成长，企业就不会成长。我们认为与其把钱存在银行，不如把钱投在员工身上。今天银行利息是一个百分点，如果把这个钱投在员工身上，让他们得到培训，那么员工创造的财富远远不止两个百分点。"

再差的人也有优点，关键是能否被人发现。作为一个领导者，发现员工优点的能力是不可或缺的。所以，马云相信，没有坏的员工，只有坏的领导和坏的体系，能"把值钱的东西扔地上，把废弃的东西镶墙上"，才叫厉害。

2004年，阿里巴巴与两所高校联合成立了"阿里学院"，专门用于培训内部员工，"员工在阿里巴巴工作了三年，相当于公费读了三年的研究生。我希望每个在阿里巴巴待过的人，都植入阿里巴巴的DNA，将来即使离开公司也是个优秀的人才，将阿里巴巴的DNA复制并传播出去，为曾经身为阿里人而自豪。"马云如是说。在马云看来，如果不在员工培训上花钱，企业做起来会很累，员工不成长，企业也不会成长。

现在内地不少公司也开始很有目的性地进行培训。例如，每年从中国最有名的十几所大学选拔一些比较好的毕业生，把他们集中起来成立一个新动力训练营，经过一段时间的训练之后，把他们分派到各地的公司去。平时对他们也进行有意识的评估和长期的培养，希望他们将来能够成长为公司的中坚力量。

公司作为这批新人类步入社会的第一站，带有一点洗脑性质的新动力训练营则是他们职业生涯的第一步，从学生到职业人的转变将在这里完成。

训练中，有大学生们熟悉的课堂学习方式，也有讨论实践，更有丰富多彩的游戏、拓展等训练方式。比如，有一个月的客户接待实习，以了解客户需求和我们所提供的产品和服务的质量；有进门的师傅——入职引导人带路指导；接受各种专业训练等。从此以后，新人们就开始了"学习是一种生活方式"的持续进步和不断学习的工作生涯。

培训是什么？除了专业之外，其实很多时候，更需要的是关心。要培养一支自己的能干队伍，不能把人拉进来就先说太多战略，公司老大要很清楚细致地甚至不厌其烦地告诉大家，各位应该在团队当中如何进行有效沟通，如何进行有效激励，在团队当中如何给自己定位奋斗。最好能通过拓展训练这样一些形式来告诉大家，面对问题时，在一个团队中，可以采取什么样的解决方案。

当然，创业者也得时刻提醒自己和部下，他们的一些选择也可能会面临着失败。仅仅靠一个团队，或者靠一个公司的力量显然是不足以使一个优秀职员不断提升的，公司提供的只是成长和学习的环境，但是也仅仅是一方面的帮助而已。

激发潜力，可以用好多招

面对社会环境的不断变革，适应与发展似乎是一切历史阶段一切人的两大任务。而当今社会频繁的价值转换、多元化的价值取向，使该问题显得格外沉重。个体不得不反复评价与修正自己的人生目标，不得不面对新形势进行思考与抉择，致使跳槽现象愈演愈烈。对此，企业总是质疑员工的忠诚，殊不知，企业对员工未来的承诺与保障才是赢得员工忠诚的根本所在。许多企业将员工对企业的满意度看作是员工工作态度的晴雨表不无道理。

人性化的企业文化和制度

员工的流失到底会对企业带来什么样的影响？研究表明，这主要看流失者是高绩效员工还是低绩效员工。为更充分地保持企业的运行活力，企业乐此不疲地实施"末位淘汰制"似乎是天经地义，这对企业犹如注入一针强心剂，而员工将无法再有得过且过、随遇而安的逍遥日子，将永远在一种充满危机、充满挑战的环境中面临生存考验。

因此，建立一个让员工觉得能够持续性发展，愿意和你风雨同舟共进退的企业文化和制度，那真是一件极为浪漫又有效的事情。其实，这方面已经没有什么秘密可言了，无非是综合运用物质激励和精神激励，包括口头激励、书面激励，公开表扬、单独激励，职位晋升、海外培训、薪资增长，等等。这年头，如果老板吝啬，自己赚钱手下没分钱，事情一定长不了。就像柳传志总结当年的起家经验说：我给不了高工资，大家为什么肯跟我，就是因为看到我自己做得多、拿得少，觉得跟我做事情有劲。而现在，甚至光是给钱也不一定能够让员工舒服，所谓买的不如卖的精，能够拿年薪百万的人，他的劳动强度恐怕也是年薪10万元的人的若干倍，不会让员工有白拿便宜薪水的事情。该给员工的工资、福利、奖励一定要言必信、行必果。对有突出贡献的要舍得给票子、给位子，千万不要吝啬。此外，感情投资的作用更大一些，因为到哪里赚钱都不容易，能够遇上一个真正关心人，会做人的上司，员工自然有所回应。

当然，物质激励和精神激励具体如何展开，还要根据企业特点和领导者的个性和观念来进行。我们不妨看看马云和阿里巴巴是如何做的。

马云曾放出豪言："天下没有人能挖走我的团队。"马云凭什么这么自信？

在阿里巴巴收购雅虎的时候，马云即明确指出："有些东西是不能讨价还价的，就是企业文化、使命感和价值观。"将马云的团队紧紧吸引在阿里巴巴这个集体的，就是阿里巴巴独特的企业文化。

以淘宝网为例，淘宝网所有的员工都有自己独一无二的武侠"花名"，同事之间可以不知道对方真名，但不可能不知道对方的"花名"。这个"花名"的意义在于，"与我们有文化共鸣的客户，非常容易记住淘宝网服务人员的花名，可以减少沟通成本，增加沟通乐趣"。这是一个自称"丐帮九袋弟子"的员工的说法。更何况，有些"花名"本身具有武侠文化中的正义感和团队精神，员工拥有了这个"花名"，在与客户沟通的时候，就会自觉不自觉地用这种精神感染客户。

然而"花名"只是一个手段，目的是激励。一个员工如果如期或超额完成了工作任务，阿里巴巴项目负责人会组织娱乐节目来犒赏大家，娱乐项目不限，甚至可以是裸奔。这种开放的文化气氛，既活跃了工作气氛，又释放了工作压力。

阿里巴巴人事部经理陈莉说："阿里巴巴每年至少要把1/5的精力和财力用在改善办公环境和员工培养上。"员工上班既没有严格的打卡要求，也没有准时上下班的硬性规定，大家只要完成工作任务，什么时候下班都是可以的，这样确保了员工在上班的时候尽可能心情舒畅，提高工作效率。

当然，阿里巴巴并不仅仅靠轻松的工作氛围来吸引大家，它还有其他有效的方法。

阿里巴巴的每位员工都有升迁的空间，而且升迁的路线十分明确，要么走管理线，做管理者；要么走技术线，做创新和研发。这样一来，每个员工都能在阿里巴巴找到适合自己的职业发展道路，并一步一个脚印踏实地向前走。

马云常说，不喜欢挖别的网络公司墙脚，因为自己不想靠高薪这样的手段去吸引人才，而希望用企业文化的魅力来吸引人才。很多新进阿里巴巴的员工或管理者，他们的工资甚至可能还不及原工作的一半，但就是有人跳槽进来。典型如雅虎搜索引擎发明人吴炯，他从雅虎跳槽到阿里巴巴，不但工资降了一半，还失去了每年7位数的雅虎股权收入。

不过，这不代表马云不重视金钱对员工的影响。在《赢在中国》的一期节目上，他点评一位选手说，"4个月不发工资不是魅力，是领导者的耻辱。"后来，他把这一思想总结为"我们需要雷锋，但决不能让雷锋穿着打补丁的衣服上街"。他认为，对企业而言，普通员工比中层管理人员更重要，而给这些普通员工增加一些工资，会让他们得到满足，从而振作士气。

我们都知道，马云是大度的，他从来不用股权吸引人，还说股权是骗人的。因为公司一旦失败，股权一文不值。真正有价值的东西是员工自己，因为阿里巴巴公司一直就是一个团队集体控股和公司全员持股的企业，公司的成功与否就在员工自己手上。可以说，"整个公司就在你们自己手上"，这是阿里巴巴企业文化的核心，员工可以随心所欲地做自己想要的一切，你能做多少，就看你想要的有多少了。

还有一件事，也能体现出马云的人性化。一名阿里巴巴员工的妻子给马云发了这样一封邮件：为什么阿里巴巴天天开会？为什么我的丈夫天天留下来加班？为什么我的丈夫每个周末都要去公司加班？为什么阿里巴巴要强制性地让员工加班？这样的公司，凭什么被称为"最佳雇主公司"？我请求马云，能否将公司早上的上班时间再推迟一点？这样我的丈夫就会有更多的休息时间。

这一连串质问让马云真有点吃不消。阿里巴巴对员工上下班的时间并没有任何硬性规定，大家都是忙完手头的事，没事就可以下班了。马云明白，这位女士丈夫的加班，很多时候都是主动的，没想到却为家庭带来了困扰，这让马云很不安。

因此，在情人节前夕，马云发了一篇名为《记得给你爱和爱你的人送去问候！》的帖子。在帖子中，马云这样说："我觉得阿里巴巴最佳的作品应该是我们朝气蓬勃的阿里人。一批每天能把工作后的笑脸带回家，第二天能把生活的快乐和智慧带回工作的人……我希望的阿里人是一批有梦想、有激情、能实干但很会生活的人……我也非常讨厌那些只会拼命工作但毫无生活情趣的人（犹如一台台的机器）……为了我们自己，为了我们的家人，为了让阿里巴巴真正地健康发展，请'快乐地工作，认真地生活'吧。把生活和工作弄矛盾的人一定要认真地反思！"

"整个文化形成的时候，人就很难被挖走了。这就像在一个空气很新鲜的土地上生存的人，你突然把他放进污浊的空气里面，工资再高，他过两天还是要跑回来。"这是马云的原话。他非常相信哈佛商学院教授约翰·科特在《企业文化与经营业绩》一书中的观点：企业文化在未来10年内可能成为决定企业兴衰的关键因素。

一个企业家，如果能创造出人性化的企业文化，也能放出"没有人能挖走我的团队"这样的豪言壮语，那么他的企业离轻松上位也不远了。企业各有不同，激励员工的方法也不尽相同，接下来我们看看其他企业是如何做的。

沃尔玛的用人之道：聆听和沟通

沃尔玛开山祖师萨姆·沃尔顿认为，许多企业里，大多数的经理们依靠恐吓和训斥来领导员工，没有什么比这种做法更错误的了。好的领导者要在待人、业务的所有方面都加入人的因素。如果通过制造恐怖来经营，那么员工就会感到紧张，有问题也不敢提出，结果只会使问题变得更坏。他们还会因此害怕有独创性或是表述新见解。

萨姆·沃尔顿经常参观自己公司的店，询问一下基层的员工"你在想些什么"或"你最关心什么"等问题，通过同员工们聊天，了解他们的困难和需要。沃尔玛公司的一位职员回忆说："我们盼望董事长来商店参观时的感觉，就像等待一位伟大的运动员、电影明星或政府首脑一样。但他一走进商店，我们原先那种敬畏的心情立即就被一种亲密感取代。他以自己的平易近人把笼罩在他身上的那种传奇和神秘色彩一扫而光。参观结束后，商店里的每一个人都清楚，他对我们所作的贡献怀有感激之情，不管它多么微不足道。每个员工都似乎感到了自身的重要性。这就像老朋友来看你一样。"

萨姆·沃尔顿在一篇文章中写道：我们都是人，都有不同的长处和短处。因此，真诚的帮助加上很大成分的理解和交流，一定会帮助我们取得胜利。记住，领导者必须总是把部属放在他们自己的前面。如果你能做到这一点，你的事业将一帆风顺。

福特、IBM和麦当劳的"金钱"激励法

1913年，福特公司可能做了一件自己都没有意识到会成为商业史上的壮举的事情，那就是宣布保证每天付给每个职工5美元的工资，相当于当时标准工资的2～3倍。

它的这一措施，被认为改变了美国的整个劳动经济生态格局，不仅缓解了美国当时的贫困、就业问题，而且使公司的离职率大大降低，从原来的80%以上下降到趋近于零，进而极大地节约了人工成本，使得福特公司在以后的几年中，虽然面临所有原材料价格急剧上升的局面，仍然能以较低的价格制销T型车，且从每部车上获取较高

的利润。

　　IBM公司在20世纪30年代大萧条期间，还是个并不引人注目的小公司，但它走出了具有大企业眼界的一招，那就是针对当时美国因衰退引起的普遍恐惧、不安全感和尊严丧失等社会问题，向职工提供社会保障，并付给他们固定的薪水而不是计时工资，这一创举不仅解决了相应的社会问题，而且也为公司网罗了一大批优秀的专业管理人才，为其今后的发展提供了最重要的人才保证。

　　一个刚取得文凭的年轻人，在选择工作时往往将不同企业的招聘工资加以比较，而麦当劳公司的工资调整制度则有着令人怦然心动的魅力，因为在参加工作仅仅4个月之后，他们的工资就会提高。工资收入变动的程序是这样的：一加入法国麦当劳公司，每年领取11万法郎至13万法郎的工资，根据每个人的文凭不同略有差别（这是根据头4个月的工资标准计算的数额）。之后，从第5个月开始就领取每年13万至15万法郎的工资（仍根据原有的文凭不同而定）。两年后，要是当上了经理，那么每年就可以挣到18万法郎。如果后来又顺利地升任监督管理员，那么年薪将达到25万法郎。

麦当劳的"快速晋升"激励法

　　在这个一切都是速成的年代，让大家等得太久就不好了。麦当劳为年轻人提供了快速晋升的机会，一个刚参加工作的出色年轻人，可以在18个月内当上餐馆经理，在24个月内当上监管员。而且，晋升对每个人是公平合理的，每个人主宰自己的命运，适应快、能力强的人能迅速掌握各个阶段的技术，从而更快地得到晋升。这个制度可以避免有人滥竽充数。每个级别都要有经常性培训，有关人员只有获得一定数量的必要知识，才能顺利通过阶段考试。公平的竞争和优越的机会吸引着大量有文凭的年轻人到此实现自己的理想。

首先，一个有文凭的年轻人要当4~6个月的实习助理。在此期间，他们以一个普通班组成员的身份走入公司各个基层工作岗位，如炸土豆条、收款、烤牛排等。

第二个工作岗位则更带有实际负责的性质：二级助理。这时，他们要承担一部分管理工作，如订货、计划、排班、统计……他们要在一个小范围内展示自己的管理才能，并在日常实践中摸索经验。在进入麦当劳8~14个月后，有文凭的年轻人将成为一级助理，即经理的左膀右臂。与此同时，他们肩负了更多责任，每个人都要在餐馆中独当一面。他们的管理才能日趋完善。这样，离他们的梦想——晋升为经理，已经不远了。

这个制度有助于工作人员管理水平的提高，吸引了大量有才华的年轻人加盟。

万科：不怕做军校

曾几何时，因为地产界有很多万科系统出来的人，所以就有了万科是地产界"黄埔军校"的说法。对这个称呼，万科一度心情也很矛盾，既高兴又遗憾。不过，他们也慢慢找到了办法，例如，引入咨询公司，在员工薪酬方面作出全面调整规划，待遇上保证职员的斗志。同时，启动全面的人力资源计划，既留人，也挖人。

万科的集团副总经理、人力资源部门负责人解冻对此有过很深入的分析："一、要尽量避免骨干人才的流失；二、要面对行业的一个现实，你是没有办法将所有人都留住的。既然万科是这个行业中做得最好的企业，其他企业自然会挖你的人。万科制定薪酬的标准是市场价值，要在业内保持领先地位。什么是领先？就是平均水平上的领先。人才流动我是没有办法的，留不住，我就主动地去培养，在这种情况下，培养人才成为必须要做的事情，不做就会产生恶性循环，作好适度的人才流动准备，张三走了，李四就可以顶上来，能够星火传承，这是我们的'星火计划'。"

与万科起初的矛盾心情略有不同，马云一开始就提出希望阿里巴巴能够成为中国商业领域名将的摇篮，"我们以前有一个理想，希望20年以后中国的500强中有许多CEO来自我们公司"。他一直支持在阿里巴巴有四五年以上工龄的员工出去创业。

【课堂之外】

企业成败太匆匆

一位财经作家曾经这样描述：

"在过去的10年里，因为职业的便利，我曾经或深或浅地参与到一些知名企业的新闻采访与行销策划中，我目睹过无数激动人心的辉煌和令人揪心的跌落。

我隐隐感到，我们正在告别一个激情的年代，正在告别一队曾经创造了历史而现在又行将被历史淘汰的英雄们。他们史诗般的神话，正如云烟般消散。"

爱多的极速生涯

一本松下幸之助的自传，使得农民出身的胡志标开始梦想着要当"中国的松下"。

1995年7月20日，胡志标26岁生日那天，新公司成立。

那时张学友的《每天爱你多一点》刚刚登上流行歌曲的排行榜，爱唱卡拉OK的胡志标灵感来了，说："就是它了，爱多。"10月，"真心实意，爱多VCD"的广告便在当地电视台上像模像样地播出来了。也是在这个月，胡志标把他千辛万苦贷到的几百万元留下一部分买原材料，剩下的都一股脑儿投进了中央电视台，买下体育新闻前的5秒标版，这也是中央台的第一条VCD广告。

1995年，胡志标以80万元起家，仅用了两年时间就将一个作坊式的VCD装配公司扩张成一个产值超20亿元的集团公司。

1996年夏天，胡志标攻下上海市场，完成了第一轮全国推广运动。这时，VCD的商品概念已越来越为消费者所接受。

1997年，爱多的销售额从前一年的2亿元一跃而骤增至16亿元，赫然出现在中国电子50强的排行榜上。年底，胡志标赴荷兰菲利浦公司总部考察，这个电子业巨头以"私人飞机加红地毯"的最高规格接待了这位来自中国的年轻人。据称，菲利浦从来只对两类人给予这样的礼遇，一是国家元首，一是公司最重要的客户。当时胡志标的江湖地位由此可见一斑。

可是，虽然善于打造品牌和营销，但是作为一家销售额超过10亿元、员工多达3000余人的大型企业，如何进行中长期的战略规划，却始终没有被胡志标提到议事日程上。直到企业覆灭，爱多甚至连一个切合实际的两年规划都没有制订过。

1999年春，爱多危机总爆发。这一事件的直接导火线是4月7日发表在《羊城晚报》报眼的一则"律师声明"。发难者竟是当年出资2000元与胡志标同占爱多45％股份（另外10％股份为爱多工厂所在地的东升镇益隆村所有），却始终没有参与爱多任何经营行为的儿时玩伴陈天南。

胡志标一向以爱多创始人和当家人自居，可是放到资本结构上来考量却不是这么回事了，他只占有爱多45％的股份，当陈天南与益隆村联合起来的时候，他除了愤怒便别无良策。艰苦谈判20天，胡志标被迫让出董事长和总经理的位子。

一向以传媒策划自豪的胡志标万万没有料到，就是那些昨天还站在他面前高唱赞歌的人们，现在又成为唾骂他的人。爱多以数亿元血汗钱堆起来的"品牌丰碑"土崩瓦解。那些原本被按在水下的官司也纷纷冒出了水面，一些讨债企业所在的地方法院纷纷赶来中山东升镇强制执行，珠海法院还一度把爱多的办公楼给查封了。

曾经让同业闻之头疼色变的爱多经营精英团队转眼间烟消云散。

2000年4月18日，胡志标在中山被汕头警方拘留审查。

2000年7月，破产清算的广东爱多实物资产仅剩320万元，确认欠款4.4亿元。胡志标彻底倒了。

2001年1月14日，经法院会审，汕头市南安企业有限公司受让了爱多的中英文注册商标，并授权汕头爱多实业有限公司经营爱多产品。

2003年，曾风光一时的VCD巨头、前广东爱多电器有限公司总经理胡志标在被关押了3年2个月后，被中山市中级法院一审以票据诈骗、挪用资金、虚报注册资本三项罪名判处有期徒刑20年，并处罚金人民币65万元。

改革开放30多年结了很多果子，但这些果子由谁来吃还是未知数。

不断试错不断错

张树新的瀛海威信息帝国梦一度开展得有声有色。

她曾经有当化学界的居里夫人的理想，是中国科技大学首位女学生会主席和诗社社长，又是《中国科技报》的优秀记者、策划人，生性敏感，愿意炒作而且善于炒作。

张树新于1995年与先生创办的瀛海威是中国第一个互联网接入服务商，甚至比中国电信的ChinaNet还要早两年问世，当年丁磊的个人BBS就挂在瀛海威的网站上。

虽然一度成为中国互联网的领跑者，但是张树新在这个位置上看到的仅仅是雅虎的泡沫，却没有看到这种泡沫会持续并支配多长的时间。她低估了被启蒙的民众的接受能力，所以她没有等到门户网站时代的到来。

现在瀛海威已经成为过去，它作为中国互联网代名词的时代已经完结。1996年瀛海威被收购，1997年出现大亏损，1998年张树新辞职，公司慢慢也就蒸发了。

现在我们讨论瀛海威的失败的时候，常常说"其兴也勃焉，其亡也忽焉"，批评张树新没有考虑市场规律，"企业不是要高傲地创造市场，而是要千方百计地满足市场"，埋怨她"为什么就不能够为了事业和理想而痛快地改革自己"？

创始人决定企业的品质、性格决定命运的说法在这里再度得到验证。

改革开放30多年来，我国不少新兴企业以超常规的速度发展，奇迹般地从名不见经传的小企业一跃而成为声名显赫的巨型企业，创造了一个个企业神话。其中，有的经受住了考验，洗脚上岸，修成正果，但也有不少企业因为各种各样的原因而轰然倒塌。例如因为财务危机而突然崩盘的爱多，例如热衷于地毯式广告轰炸却又最终引发市场信誉危机的三株，例如沉溺大帝国梦幻而忽视市场需求的瀛海威，例如管理失控、急躁冒进的沈阳飞龙，还有踏入多元化陷阱、产生重大投资失误的巨人，等等，这些都是活生生的中国企业失败的典型案例，非常值得业内人士深思和反省。

当然，除了内地，国际上大型企业因失误而导致大厦倾塌的例子也屡见不鲜，大宇汽车破产就是典型的例子。

大宇公司成立于1978年，这是很多中国企业起步的年份。作为韩国第二大企业集团大宇集团公司的骨干企业，大宇汽车在国内建有

4家工厂，在包括乌克兰、波兰、乌兹别克斯坦、罗马尼亚等11个国家设有12家工厂，年产汽车200万辆，于1999年8月被迫向法庭申请破产，成为韩国历史上最大的商业破产案。

1997年亚洲金融危机爆发后，大宇集团错误地判断形势，继续大量借外债扩张，欲借用外来资金维持运转，最终外债达800亿美元之巨。债权银行因大宇汽车亏损日益严重，拒绝继续提供资金，政府提供的救援贷款也被耗尽后，大宇汽车无奈申请破产。

战略失误，这是最多人提到的大宇汽车的败因。而其迅速上位和盛极而衰的情况，也和内地不少企业的过程相似。

大宇汽车也是有着动人的创业神话的。

它的创办人是从用1万美元做布料生意起家的金宇中。他在发展初期得到政府的大力支持，所以很容易从银行得到各种贷款用于兼并其他企业。 20世纪70年代，通过兼并其他公司，他将经营范围扩展到机械、造船和汽车等多个领域。20世纪80年代，他将"大宇实业"改为"大宇株式会社"，从20世纪90年代开始走向世界，到1998年底，大宇已成为拥有41个子公司、396个海外法人和15万员工的大集团，在韩国企业中的排名上升到第2位，金宇中也一度成为韩国"全国经济人联合会"的会长。

20世纪90年代大宇在进行全球扩张时，选择东欧为投资重心，希望以其做跳板，站稳脚跟后再向西欧和北美扩张，但由于受到独联体经济萧条的影响，东欧汽车市场始终没能振奋起来，大宇的巨额投资付诸东流。

金宇中的勤奋、事必躬亲的工作作风在创业初期可以提高决策效率并鼓舞员工士气，但是随着经营多样化及全球化，事必躬亲使金宇中养成了独断的习惯，最后使得企业为其个人判断失误付出了惨痛的代价。

中国一些大企业与韩国企业集团何其相似，无论是往时的家电、保健品，还是今日的房地产业，中国企业历来缺少通过持续降低成本和缩小低效率资产规模而进行的前瞻性"自我调整"战略，没有投资战略，盲目扩张，没有风险控制体系，未来能否避免大宇汽车大破产的命运？答案，当下仍然看不清楚。

2004年6月22日，年近七十的韦尔奇出现在中国大饭店，800多名中国企业家渴望分享他的管理经验，他们付出了每张4800元的高价门票。

韦尔奇说，商业并不是一件严肃的、毫无乐趣的事。商业就是生活，是每天都想打赢的一场游戏。"中国的企业管理者对待商业太严肃了"。不知道台下那些紧绷神经的商人们对这句话有多少领悟。

商业世界的规则是，如果你不能成为一代领袖，那就勤勉地成为一个执行者。

要想做得比胡志标、张树新和金宇中更好，或者，至少不犯他们曾经的那些错误，那么，从今天起，按照自己喜欢的方式去练习吧！

身体力行，是成功的关键之一。